Kathrin Becker, Andrea Fingerhut

Bruchrechnung in kleinen Schritten

Band 3: Multiplikation und Division von Brüchen

9783834430366

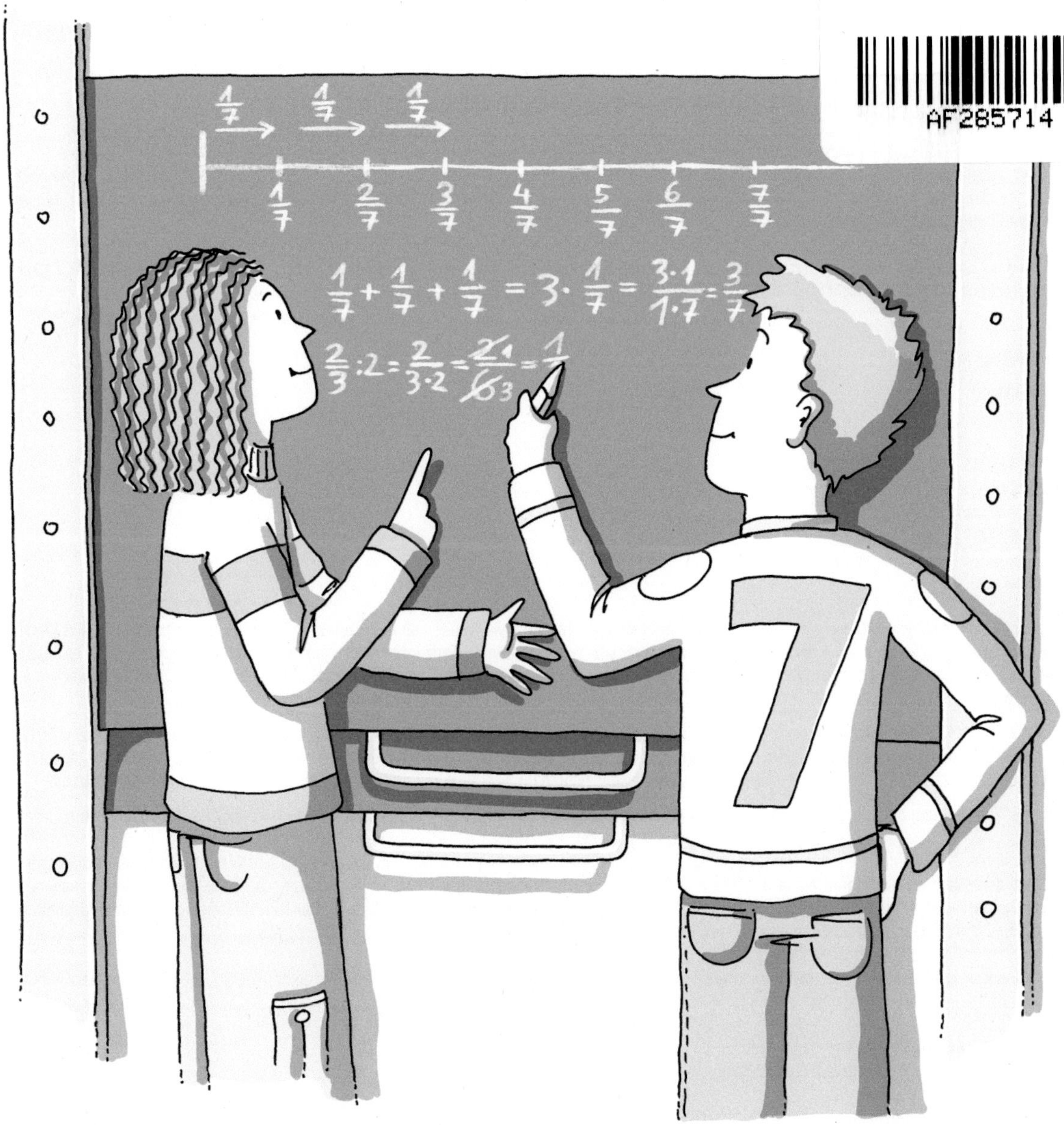

PERSEN

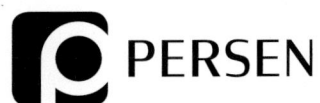

Kathrin Becker – Lehrkraft an einer Förderschule für Lernhilfe mit dem Fachschwerpunkt Mathematik.

Andrea Fingerhut – Lehrkraft an einer Förderschule für Lernhilfe mit dem Fachschwerpunkt Mathematik.

Wir verwenden in unseren Werken eine genderneutrale Sprache, damit sich alle gleichermaßen angesprochen fühlen. Wenn keine neutrale Formulierung möglich ist, nennen wir die weibliche und die männliche Form. In Fällen, in denen wir aufgrund einer besseren Lesbarkeit nur ein Geschlecht nennen können, achten wir darauf, den unterschiedlichen Geschlechtsidentitäten gleichermaßen gerecht zu werden.

In diesem Werk sind nach dem MarkenG geschützte Marken und sonstige Kennzeichen für eine bessere Lesbarkeit nicht besonders kenntlich gemacht. Es kann also aus dem Fehlen eines entsprechenden Hinweises nicht geschlossen werden, dass es sich um einen freien Warennamen handelt.

8. Auflage 2026
© 2010 PERSEN Verlag, Hamburg

AAP Lehrerwelt GmbH
Veritaskai 3
21079 Hamburg
Telefon: +49 (0) 40325083-040
E-Mail: info@lehrerwelt.de
Geschäftsführung: Andrea Fischer, Sandra Saghbazarian
USt-ID: DE 173 77 61 42
Register: AG Hamburg HRB/126335
Alle Rechte vorbehalten.

Autorschaft:	Kathrin Becker, Andrea Fingerhut
Covergestaltung:	TSA&B Werbeagentur GmbH, Hamburg
Coverillustration:	Oliver Wetterauer
Illustrationen:	Oliver Wetterauer
Satz:	Satzpunkt Ursula Ewert GmbH, Bayreuth
Druck und Bindung:	Esser printSolutions GmbH, Bretten

ISBN/Bestellnummer: 978-3-8344-3036-6
www.persen.de

Inhalt

Einführung in das Rechnen mit Brüchen

Brüche sind den Schülerinnen und Schülern aus ihrem alltäglichen Umfeld bekannt: Sie begegnen ihnen beispielsweise bei der Uhrzeit, bei Sportwettkämpfen, beim Einkaufen von Lebensmitteln, beim Kochen nach Rezepten oder auch beim Verteilen einer Tafel Schokolade unter Freunden. Der Inhalt dieses Materials – das Bruchrechnen – knüpft also direkt an die Lebens- und Erfahrungswelt der Schülerinnen und Schüler an. Das Rechnen mit Brüchen ist von enormer Wichtigkeit für die Schüler, damit sie später praktische Probleme des täglichen Lebens lösen können.

Sachinformationen

Ein Bruch beschreibt mathematisch gesehen ein Verhältnis zwischen zwei ganzen Zahlen[1]. Durch das Bilden von Brüchen entsteht aus den natürlichen Zahlen der Bereich der gebrochenen Zahlen.

Brüche haben die Form $\frac{a}{b}$ mit $a, b \in N$.

Der waagerechte Strich heißt *Bruchstrich*. Die Zahl unter dem Bruchstrich nennt man *Nenner* und die Zahl über dem Bruchstrich *Zähler*. Als echte Brüche bezeichnet man dabei Brüche mit $a < b$, als unechte Brüche falls $a \geq b$. Falls $a = 1$ spricht man von Stammbrüchen.
Der Nenner gibt an, in wie viele Teile ein Ganzes oder mehrere Ganze geteilt werden, und der Zähler eines Bruches gibt an, wie viele Teile gemeint sind.

In diesem Band stehen die Multiplikation und Division von Brüchen im Vordergrund. Brüche werden miteinander multipliziert, indem man Zähler mit Zähler und Nenner mit Nenner multipliziert:

$$\frac{a}{b} \cdot \frac{c}{d} = \frac{a \cdot c}{b \cdot d}.$$

Die Umkehrfunktion der Multiplikation, die Division von Brüchen, wird wie folgt durchgeführt: Zwei Brüche werden dividiert, indem man den ersten Bruch mit dem *Kehrwert* des zweiten Bruches multipliziert:

$$\frac{a}{b} : \frac{c}{d} = \frac{a}{b} \cdot \frac{d}{c}.$$

Für die Behandlung der Bruchrechnung im Unterricht werden in der Literatur vielfach die folgenden vier Konzepte beschrieben:
▷ Größenkonzept
▷ Äquivalenzklassenkonzept
▷ Gleichungskonzept
▷ Operatorkonzept

Das Größenkonzept steht in diesem Material bei der Einführung der Multiplikation und Division von Brüchen im Vordergrund, da hier von konkreten Brüchen ausgegangen wird, die den Schülerinnen und Schülern bereits aus dem täglichen Leben bekannt sind. Dies bietet den Vorteil, dass die Schülerinnen und Schüler auf ihre Vorkenntnisse zurückgreifen können.

---

[1] Somit kann dieselbe Bruchzahl durch verschiedene Brüche (Namen) beschrieben werden.

Zu Beginn des Bandes werden in einem Wiederholungsteil wichtige Grundlagen für das erfolgreiche Rechnen mit Brüchen aufgegriffen: die Bruchschreibweise, das Erweitern und Kürzen von Brüchen, das Ordnen sowie die Addition und Subtraktion von Brüchen.

Die Themenbereiche Multiplikation und Division werden anschließend in jeweils einem Kapitel behandelt. Innerhalb der Kapitel steigert sich die Komplexität der Rechenoperationen, so werden zunächst Brüche mit natürlichen Zahlen multipliziert (*Vervielfachen*) bzw. dividiert. Darauf folgt die Multiplikation bzw. Division von Bruch und Bruch mit den jeweiligen Operationsregeln. Die einzelnen Operationsregeln werden dabei anschaulich und schrittweise eingeführt und Aufgaben zur Anwendung angeboten. Weiterhin räumt dieses Material vermischten Übungen eine besondere Stellung ein und bietet viele Übungen auf unterschiedlichen Leistungsniveaus an, mit denen das Bruchrechnen gefestigt werden kann.

Mit den nach Rechenoperation differenzierten Lernkontrollen am Ende des Bandes können Sie den Lernfortschritt Ihrer Schüler und Schülerinnen überprüfen.

Beim Rechnen mit Brüchen besteht eine besondere Schwierigkeit darin, dass den Schülerinnen und Schülern oft inhaltliche Vorstellungen zu den Operationen und deren Rechengesetzen fehlen. In diesem Material wird daher besonderer Wert auf einfache Veranschaulichung vielfältiger Art gelegt. Die Arbeitsblätter wurden so gestaltet, dass auch schwächere Schülerinnen und Schüler durch häufige Veranschaulichung und klare Strukturierung Vorstellungen zu den Bruchoperationen aufbauen können und so das alleinige Auswendiglernen dieser Regeln in den Hintergrund rückt.
Verbale Erläuterung, Veranschaulichung und symbolische Darstellung sind eng aneinander gekoppelt, sodass möglichst viele Lernkanäle einbezogen werden. Dies ist auch im Hinblick auf die recht unterschiedliche Lernausgangslage der Schülerinnen und Schüler von Bedeutung.

Bruchschreibweise notieren und zeichnen

Die Zahl **unter** dem Bruchstrich nennt man **Nenner**.
Der Nenner gibt an, in wie viele Teile das Ganze geteilt wird.
Die Zahl **über** dem Bruchstrich heißt **Zähler**.
Der Zähler gibt an, wie viele Teile des Ganzen gemeint sind.

Beispiel:

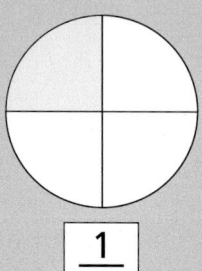   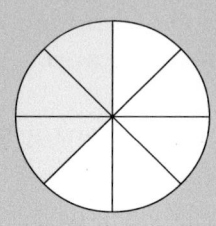

$\frac{1}{4}$ $\frac{3}{8}$

❶ Gib die Bruchzahlen an.

a)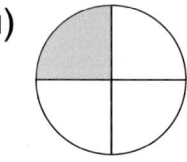

$\frac{1}{4}$

b)

———

c)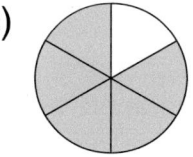

———

d)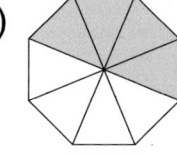

———

e)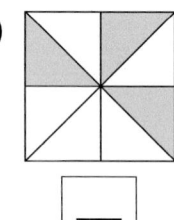

———

f)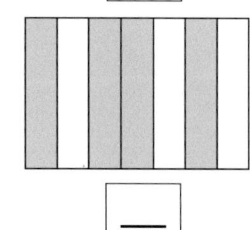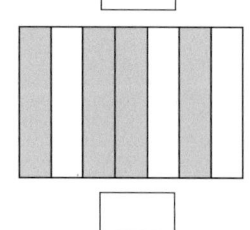

———

g)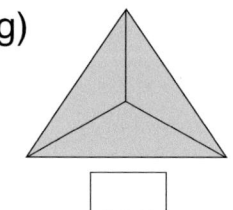

———

h)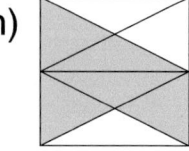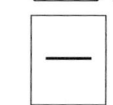

———

❷ Färbe die angegebenen Bruchteile.

a)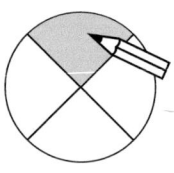

$\frac{1}{4}$

b)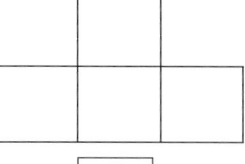

$\frac{3}{4}$

c)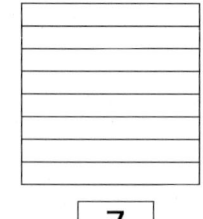

$\frac{7}{8}$

d)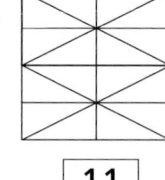

$\frac{11}{16}$

e)

$\frac{4}{10}$

f)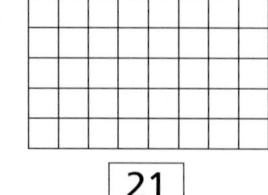

$\frac{21}{40}$

g)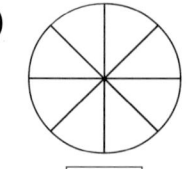

$\frac{8}{8}$

h)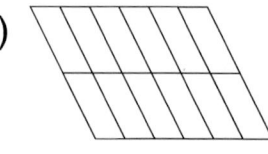

$\frac{7}{12}$

K. Becker/A. Fingerhut: Bruchrechnung in kleinen Schritten – Band 3
© Persen Verlag

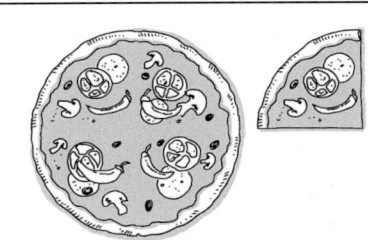 

$1\frac{1}{4}$ Pizza   = $\frac{5}{4}$ Pizza

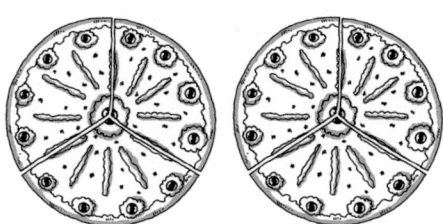 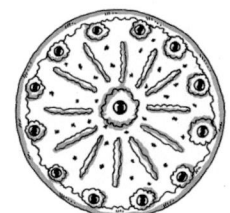

$\frac{6}{3}$ Torte   =   2 Torten

❶ Wie heißen die abgebildeten Bruchteile?
Schreibe als Bruch und in gemischter Schreibweise.

a)

$\boxed{\dfrac{10}{4}}$ =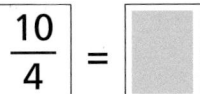

b)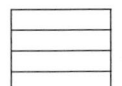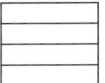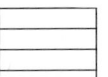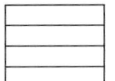

◻ =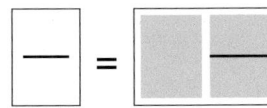

c)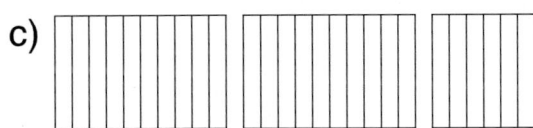

◻ =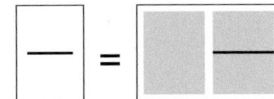

d)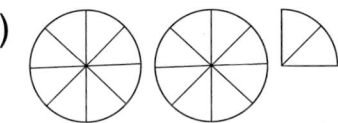

◻ =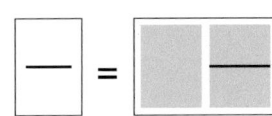

❷ Gib die Brüche in gemischter Schreibweise an.

a) $\frac{6}{3}$ = ◻
   $\frac{20}{4}$ = ◻

b) $\frac{22}{7}$ =
   $\frac{18}{5}$ =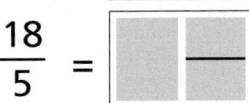

c) $\frac{10}{2}$ = ◻
   $\frac{33}{7}$ =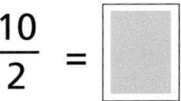

❸ Schreibe als Bruch oder in gemischter Schreibweise.

a) $6\frac{1}{2}$ = ▭
   $4\frac{2}{3}$ = ▭

b) $\frac{13}{5}$ =
   $\frac{38}{6}$ = ◻

c) $\frac{39}{3}$ = ◻
   $5\frac{6}{7}$ = ▭

d) $9\frac{1}{4}$ = ▭
   $3\frac{2}{7}$ = ▭

Beim Erweitern eines Bruches werden Zähler und Nenner
mit der gleichen Zahl mal genommen:

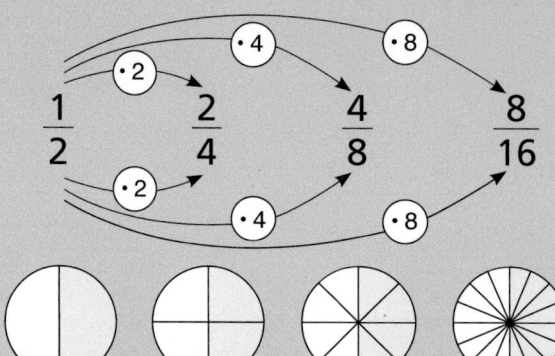

Der Wert des Bruches ändert sich beim Erweitern nicht.
Es werden nur mehr Teile, diese werden aber kleiner.

❶ Bestimme die erweiterten Brüche.

a)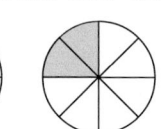

$$\frac{1}{4} = \frac{2}{8}$$

b)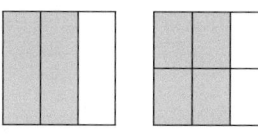

$$\frac{}{} = \frac{}{}$$

c)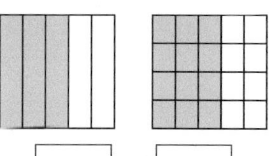

$$\frac{}{} = \frac{}{}$$

d)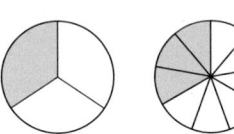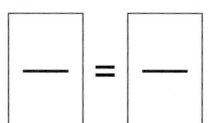

$$\frac{}{} = \frac{}{}$$

e)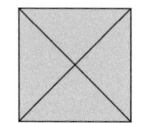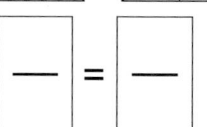

$$\frac{}{} = \frac{}{}$$

f)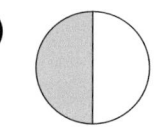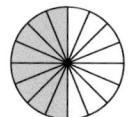

$$\frac{}{} = \frac{}{}$$

❷ Mit welcher Zahl wurde erweitert? Setze ein.

a)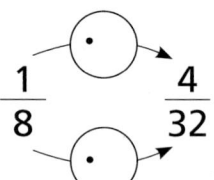

b)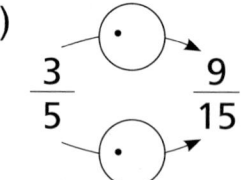

c)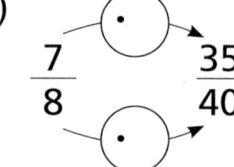

d)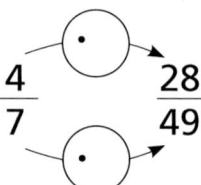

e)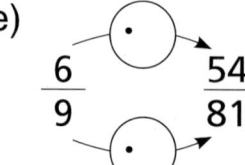

f)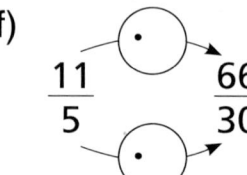

K. Becker/A. Fingerhut: Bruchrechnung in kleinen Schritten – Band 3
© Persen Verlag

Brüche erweitern 2

$$\dfrac{3}{4} \begin{matrix} < \\ + \\ - \end{matrix}$$

$$\dfrac{1}{3} \xrightarrow{\cdot 4} \dfrac{4}{12}$$

Schreibweise:

$$\dfrac{1}{3} = \dfrac{1 \cdot 4}{3 \cdot 4} = \dfrac{4}{12}$$

❶ a) Erweitere die Brüche mit 3.

$$\dfrac{1}{5} = \dfrac{1 \cdot 3}{5 \cdot 3} = \underline{\quad}$$ $$\dfrac{5}{6} = \underline{\quad} = \underline{\quad}$$ $$\dfrac{2}{9} = \underline{\quad} = \underline{\quad}$$

$$\dfrac{4}{7} = \underline{\quad} = \underline{\quad}$$ $$\dfrac{7}{11} = \underline{\quad} = \underline{\quad}$$ $$\dfrac{9}{13} = \underline{\quad} = \underline{\quad}$$

b) Erweitere die Brüche mit 5.

$$\dfrac{3}{6} = \dfrac{\cdot 5}{\cdot 5} = \underline{\quad}$$ $$\dfrac{6}{5} = \underline{\quad} = \underline{\quad}$$ $$\dfrac{1}{10} = \underline{\quad} = \underline{\quad}$$

$$\dfrac{7}{8} = \underline{\quad} = \underline{\quad}$$ $$\dfrac{3}{4} = \underline{\quad} = \underline{\quad}$$ $$\dfrac{2}{9} = \underline{\quad} = \underline{\quad}$$

❷ Setze die fehlenden Zahlen ein.

a) $\dfrac{3}{4} = \dfrac{3 \cdot 5}{4 \cdot \boxed{}} = \dfrac{\boxed{}}{\boxed{}}$

b) $\dfrac{5}{9} = \dfrac{\boxed{} \cdot \boxed{}}{\boxed{} \cdot \boxed{}} = \dfrac{25}{45}$

c) $\dfrac{2}{5} = \dfrac{2 \cdot \boxed{}}{5 \cdot \boxed{}} = \dfrac{4}{10}$

d) $\dfrac{11}{12} = \dfrac{11 \cdot \boxed{}}{12 \cdot \boxed{}} = \dfrac{\boxed{}}{24}$

e) $\dfrac{1}{6} = \dfrac{\boxed{} \cdot 7}{\boxed{} \cdot \boxed{}} = \dfrac{7}{42}$

f) $\dfrac{6}{9} = \dfrac{\boxed{} \cdot \boxed{}}{\boxed{} \cdot \boxed{}} = \dfrac{54}{\boxed{}}$

g) $\dfrac{3}{8} = \dfrac{\boxed{} \cdot \boxed{}}{\boxed{} \cdot \boxed{}} = \dfrac{\boxed{}}{32}$

h) $\dfrac{5}{11} = \dfrac{\boxed{} \cdot \boxed{}}{11 \cdot 6} = \dfrac{\boxed{}}{\boxed{}}$

Beim Kürzen eines Bruches werden Zähler und Nenner
durch die gleiche Zahl geteilt:

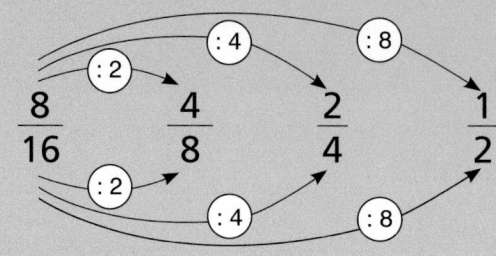

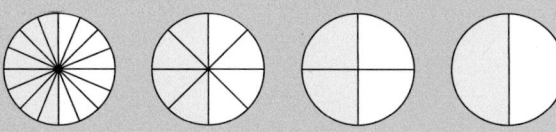

Der Wert des Bruches ändert sich beim Kürzen nicht.
Es werden nur weniger Teile, diese werden aber größer.

❶ Bestimme die gekürzten Brüche.

a)
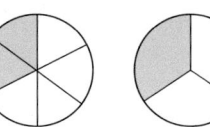

$$\boxed{\frac{2}{6}} = \boxed{\frac{1}{3}}$$

b)
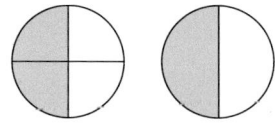

$$\boxed{} = \boxed{}$$

c)
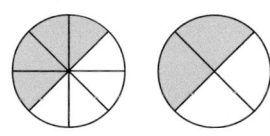

$$\boxed{} = \boxed{}$$

d)
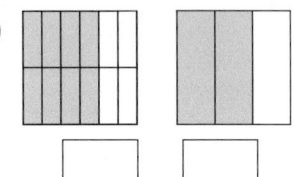

$$\boxed{} = \boxed{}$$

e)
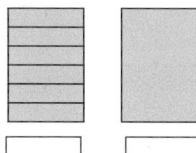

$$\boxed{} = \boxed{}$$

f)
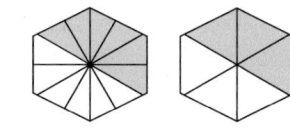
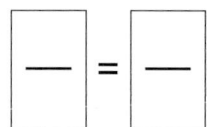

$$\boxed{} = \boxed{}$$

❷ Mit welcher Zahl wurde gekürzt? Setze ein.

a)
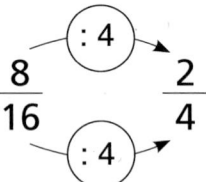

$$\frac{8}{16} \quad \frac{2}{4}$$

b)
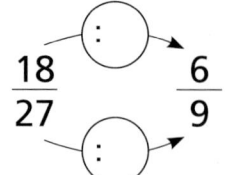

$$\frac{18}{27} \quad \frac{6}{9}$$

c)
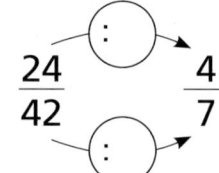

$$\frac{24}{42} \quad \frac{4}{7}$$

d)
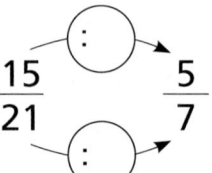

$$\frac{15}{21} \quad \frac{5}{7}$$

e)
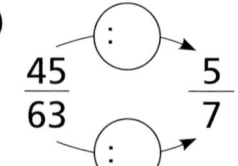

$$\frac{45}{63} \quad \frac{5}{7}$$

f)
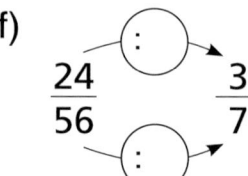

$$\frac{24}{56} \quad \frac{3}{7}$$

K. Becker/A. Fingerhut: Bruchrechnung in kleinen Schritten – Band 3
© Persen Verlag

Brüche kürzen 2

$\frac{3}{9} \overset{:3}{\underset{:3}{=}} \frac{1}{3}$

Schreibweise:

$\frac{3}{9} = \frac{3:3}{9:3} = \frac{1}{3}$

❶ Kürze die Brüche mit 2.

a) $\frac{8}{16} = \frac{8:2}{16:2} = \frac{4}{8}$ 　　 b) $\frac{6}{24} = \underline{} = \underline{}$ 　　 c) $\frac{24}{64} = \underline{} = \underline{}$

d) $\frac{12}{14} = \underline{} = \underline{}$ 　　 e) $\frac{16}{48} = \underline{} = \underline{}$ 　　 f) $\frac{10}{18} = \underline{} = \underline{}$

g) $\frac{36}{52} = \underline{} = \underline{}$ 　　 h) $\frac{4}{94} = \underline{} = \underline{}$ 　　 i) $\frac{2}{66} = \underline{} = \underline{}$

❷ Kürze die Brüche so weit wie möglich.
Du kannst schrittweise vorgehen.

a) $\frac{24}{36} = \frac{24:2}{36:2} = \frac{12}{18} = \frac{12:3}{18:3} = \frac{4}{6} = \frac{4:2}{6:2} = \frac{2}{3}$

b) $\frac{4}{24} =$

c) $\frac{40}{60} =$

d) $\frac{15}{45} =$

e) $\frac{16}{64} =$

f) $\frac{24}{54} =$

❸ Kennst du einen Bruch, den man nicht kürzen kann?

$\boxed{ \over }$

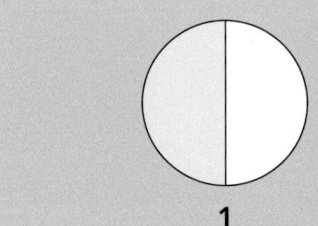 $\frac{1}{2}$ 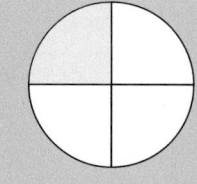 > $\frac{1}{4}$ 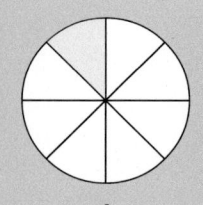 $\frac{1}{8}$ < $\frac{1}{4}$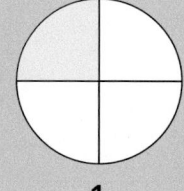

 Ein halbes Stück **ist größer als** ein Viertelstück. Ein Achtelstück **ist kleiner als** ein Viertelstück.

❶ Gib die Brüche an. Setze dann die richtigen Zeichen (>, <, =).

a) 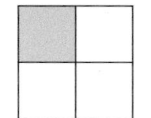 $\frac{1}{4}$ ☐ $\frac{1}{2}$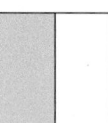

b) $-$ ☐ $-$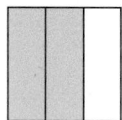

c) $-$ ☐ $-$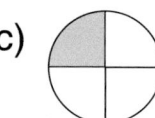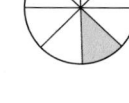

 Bei Brüchen mit gleichen Zählern ist der Bruch mit dem kleineren Nenner der größere Bruch. $\frac{1}{⑧}$ < $\frac{1}{⑥}$

❷ Setze die richtigen Zeichen (>, <, =).

a) $\frac{1}{8}$ ☐ $\frac{1}{10}$ b) $\frac{1}{9}$ ☐ $\frac{1}{7}$ c) $\frac{1}{3}$ ☐ $\frac{1}{4}$ d) $\frac{1}{6}$ ☐ $\frac{1}{3}$

❸ Gib die Brüche an. Setze dann die richtigen Zeichen (>, <, =).

a)  $\frac{1}{4}$ ☐ $\frac{2}{4}$

b) 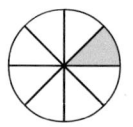 $-$ ☐ $-$

c) 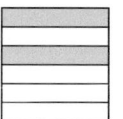 $-$ ☐ $-$

 Bei Brüchen mit gleichen Nennern ist der Bruch mit dem größeren Zähler der größere Bruch. $\frac{②}{4}$ < $\frac{③}{4}$

❹ Setze die richtigen Zeichen (>, <, =).

a) $\frac{2}{8}$ ☐ $\frac{1}{8}$ b) $\frac{3}{7}$ ☐ $\frac{6}{7}$ c) $\frac{2}{11}$ ☐ $\frac{3}{11}$ d) $\frac{1}{5}$ ☐ $\frac{3}{5}$

K. Becker/A. Fingerhut: Bruchrechnung in kleinen Schritten – Band 3
© Persen Verlag

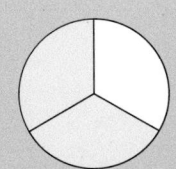 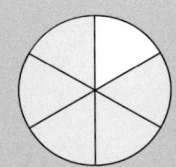 ⇒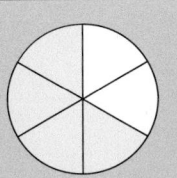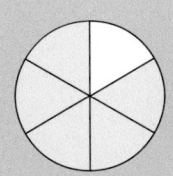

$\frac{2}{3}$? $\frac{5}{6}$ $\frac{2 \cdot 2}{3 \cdot 2} = \frac{④}{6}$ < $\frac{⑤}{6}$

Brüche mit unterschiedlichen Zählern und Nennern müssen erst auf einen gemeinsamen Nenner erweitert werden.

❶ Erweitere auf einen gemeinsamen Nenner.
Setze dann das richtige Zeichen (>, <, =).

a) $\frac{1}{2}$ < $\frac{3}{4}$

⇒ $\frac{1 \cdot 2}{2 \cdot 2} = \frac{2}{4}$ < $\frac{3}{4}$

b) $\frac{1}{3}$ ☐ $\frac{3}{9}$

⇒ $\frac{1 \cdot}{3 \cdot} = \frac{\quad}{\quad}$ ☐ $\frac{3}{9}$

c) $\frac{2}{4}$ ☐ $\frac{5}{8}$

⇒ $\frac{2 \cdot}{4 \cdot} = \frac{\quad}{\quad}$ ☐ $\frac{5}{8}$

d) $\frac{1}{5}$ ☐ $\frac{3}{20}$

⇒ $\frac{1 \cdot}{5 \cdot} = \frac{\quad}{\quad}$ ☐ $\frac{3}{20}$

e) $\frac{2}{7}$ ☐ $\frac{1}{35}$

⇒ $\frac{2 \cdot}{7 \cdot} = \frac{\quad}{\quad}$ ☐ $\frac{1}{35}$

f) $\frac{3}{8}$ ☐ $\frac{9}{24}$

⇒ $\frac{3 \cdot}{8 \cdot} = \frac{\quad}{\quad}$ ☐ $\frac{9}{24}$

❷ Erweitere auf einen gemeinsamen Nenner, wenn nötig.
Setze dann das richtige Zeichen (>, <, =).

a) $\frac{2}{7}$ ☐ $\frac{4}{7}$ b) $\frac{2}{3}$ ☐ $\frac{4}{6}$ c) $\frac{3}{5}$ ☐ $\frac{2}{10}$ d) $\frac{4}{7}$ ☐ $\frac{9}{14}$

❸ Schreibe als Bruch. Ordne dann die Brüche.
Beginne mit dem kleinsten Bruch.

$1\frac{1}{4} = \frac{5}{4}$ $3\frac{1}{2} = \frac{\quad}{\quad}$ $1\frac{3}{4} = \frac{\quad}{\quad}$ $2\frac{1}{8} = \frac{\quad}{\quad}$ $1\frac{1}{2} = \frac{\quad}{\quad}$ $3\frac{1}{6} = \frac{\quad}{\quad}$

☐ < ☐ < ☐ < ☐ < ☐ < ☐

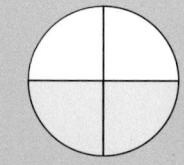

$$\frac{1}{4} \quad + \quad \frac{2}{4} \quad = \quad \frac{3}{4}$$

Bei der Addition von Brüchen mit gleichen Nennern werden die Zähler addiert. Der Nenner bleibt gleich.

❶ Gib das Ergebnis an und färbe die entsprechenden Bruchteile.

a) $\frac{1}{4} + \frac{1}{4} = \boxed{}$

b) $\frac{2}{6} + \frac{1}{6} = \boxed{}$

c) $\frac{2}{8} + \frac{3}{8} = \boxed{}$

d) $\frac{3}{9} + \frac{5}{9} = \boxed{}$

e) $\frac{1}{5} + \frac{3}{5} = \boxed{}$

f) $\frac{7}{16} + \frac{5}{16} = \boxed{}$

❷ Löse die Aufgaben. Kürze das Ergebnis, wenn möglich.

a) $\frac{1}{8} + \frac{3}{8} =$

$\frac{3}{16} + \frac{11}{16} =$

$\frac{4}{10} + \frac{1}{10} =$

b) $\frac{12}{18} + \frac{2}{18} =$

$\frac{2}{21} + \frac{5}{21} =$

$\frac{18}{40} + \frac{14}{40} =$

c) $\frac{9}{55} + \frac{13}{55} + \frac{11}{55} =$

$\frac{1}{9} + \frac{2}{9} + \frac{3}{9} =$

$\frac{22}{36} + \frac{4}{36} + \frac{4}{36} =$

❸ Nach einer Party bleiben 3 Achtel einer Schinken-pizza, 2 Achtel einer Thunfischpizza und 1 Achtel einer Salamipizza übrig. Wie viele Achtel sind dies zusammen?

Rechnung: _____

Antwort: _____

$$\frac{1}{2} \ + \ \frac{1}{3} \ = \ \frac{1 \cdot 3}{2 \cdot 3} + \frac{1 \cdot 2}{3 \cdot 2} \ = \ \frac{3}{6} \ + \ \frac{2}{6} \ = \ \frac{5}{6}$$

 Bei der Addition von Brüchen mit verschiedenen Nennern muss man vor dem Addieren die Brüche auf den gleichen Nenner erweitern. Dieser heißt **Hauptnenner**.

❶ Erweitere zuerst auf den Hauptnenner. Addiere dann die Brüche.

a) $\dfrac{1}{2} + \dfrac{1}{4} = \dfrac{1 \cdot 2}{2 \cdot 2} + \dfrac{1}{4} = \dfrac{2}{4} + \dfrac{1}{4} = \underline{}$

b) $\dfrac{1}{3} + \dfrac{3}{6} = \dfrac{1 \cdot \square}{3 \cdot \square} + \underline{} = \underline{} + \underline{} = \underline{}$

c) $\dfrac{3}{5} + \dfrac{1}{10} =$

d) $\dfrac{1}{4} + \dfrac{1}{3} =$

e) $\dfrac{3}{4} + \dfrac{1}{5} =$

❷ Susanne teilt eine Tafel Schokolade mit ihren Freunden. Peter isst ein Sechstel der Schokolade, Lisa ein Fünftel und Susanne ein Drittel der Schokolade. Wie viel von der Tafel Schokolade haben sie zusammen gegessen?

Rechnung: _____

Antwort: _____

❸ Löse die Aufgaben. Denk daran, dass du die Brüche zuerst auf den Hauptnenner erweitern musst!

a) $\dfrac{1}{6} + \dfrac{1}{4} =$

$\dfrac{4}{7} + \dfrac{1}{35} =$

$\dfrac{1}{6} + \dfrac{1}{2} + \dfrac{1}{4} =$

b) $\dfrac{2}{9} + \dfrac{1}{3} =$

$\dfrac{5}{6} + \dfrac{1}{15} =$

⑪ **Gemischte Zahlen addieren**

$1\frac{1}{3}$ $+$ $\frac{1}{3}$ $=$ $1\frac{2}{3}$

$2\frac{2}{4}$ $+$ $1\frac{1}{4}$ $=$ $3\frac{3}{4}$

☞ Gemischte Zahlen werden addiert, indem man ganze Zahl mit ganzer Zahl und Bruch mit Bruch addiert.

❶ Löse die Aufgaben.

a) $2\frac{1}{6} + 1\frac{2}{6} =$ ⬜ ⬜

c) $3\frac{1}{5} + 5\frac{2}{5} =$

b) $6\frac{3}{7} + 3\frac{3}{7} =$

d) $10\frac{4}{11} + 7\frac{3}{11} =$

❷ Löse die Aufgaben.

Brüche mit verschiedenen Nennern zuerst auf den Hauptnenner erweitern.

$1\frac{1}{2} + 2\frac{2}{3} = 1\frac{1 \cdot ③}{2 \cdot ③} + 2\frac{2 \cdot ②}{3 \cdot ②} = 1\frac{3}{6} + 2\frac{4}{6} = 3\frac{7}{6} = 4\frac{1}{6}$

$1\frac{1}{4} +$ | $\frac{2}{4}$ $2\frac{1}{3}$ $3\frac{2}{5}$ |

a) _____

b) _____

c) _____

❸ Tim geht seine Oma besuchen. Er läuft $2\frac{1}{2}$ km bis zu ihrem Haus. Auf dem Rückweg läuft er $2\frac{6}{7}$ km, weil er einen Umweg zur Eisdiele macht.

Frage: _____

Rechnung: _____

Antwort: _____

K. Becker/A. Fingerhut: Bruchrechnung in kleinen Schritten – Band 3
© Persen Verlag

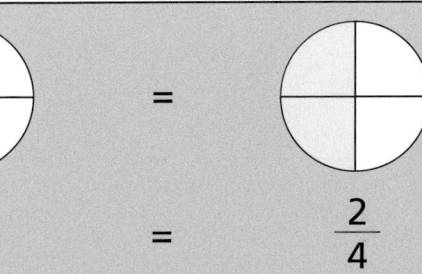

$$\frac{3}{4} \quad - \quad \frac{1}{4} \quad = \quad \frac{2}{4}$$

Bei der Subtraktion von Brüchen mit gleichen Nennern werden die Zähler subtrahiert. Der Nenner bleibt gleich.

❶ Gib das Ergebnis an und färbe die Bruchteile.

a) $\frac{5}{6} - \frac{2}{6} = \boxed{}$

b) $\frac{2}{3} - \frac{1}{3} = \boxed{}$

c) $\frac{2}{4} - \frac{1}{4} = \boxed{}$

d) $\frac{5}{8} - \frac{3}{8} = \boxed{}$

e) $\frac{7}{10} - \frac{4}{10} = \boxed{}$

f) $\frac{4}{5} - \frac{2}{5} = \boxed{}$

❷ Berechne das Ergebnis.

a) $\frac{3}{7} - \frac{1}{7} =$

$\frac{5}{11} - \frac{4}{11} =$

b) $\frac{19}{21} - \frac{11}{21} - \frac{1}{21} =$

$\frac{7}{10} - \frac{3}{10} - \frac{2}{10} =$

c) $\frac{12}{20} - \frac{9}{20} =$

$\frac{33}{50} - \frac{17}{50} =$

❸ In einer Flasche sind $\frac{3}{4}$ Liter Saft. Leon und Marie trinken jeder ein Glas mit $\frac{1}{4}$ Liter.

Frage: _____

Rechnung: _____

Antwort: _____

❹ Setze die fehlenden Zahlen ein.

a) $\frac{4}{5} - \frac{\boxed{}}{5} = \frac{2}{5}$

b) $\frac{8}{10} - \frac{\boxed{}}{10} = \frac{3}{10}$

c) $\frac{\boxed{}}{20} - \frac{2}{20} = \frac{9}{20}$

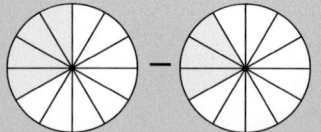

$$\frac{1}{3} \quad - \quad \frac{1}{4} \quad = \quad \frac{1 \cdot 4}{3 \cdot 4} - \frac{1 \cdot 3}{4 \cdot 3} \quad = \quad \frac{4}{12} \quad - \quad \frac{3}{12} \quad = \quad \frac{1}{12}$$

Bei der Subtraktion von Brüchen mit verschiedenen Nennern muss man die Brüche auf den Hauptnenner erweitern.

❶ Löse die Aufgaben. Erweitere zuerst auf den Hauptnenner.

a) $\dfrac{4}{5} - \dfrac{3}{10} = \dfrac{4 \cdot 2}{5 \cdot 2} - \dfrac{3 \cdot 1}{10 \cdot 1} = \dfrac{8}{10} - \dfrac{3}{10} = \dfrac{5}{10}$

b) $\dfrac{7}{8} - \dfrac{3}{4} = \dfrac{7 \cdot \square}{8 \cdot \square} - \dfrac{3 \cdot \square}{4 \cdot \square} = \dfrac{\square}{\square} - \dfrac{\square}{\square} = \dfrac{\square}{\square}$

c) $\dfrac{6}{7} - \dfrac{1}{2} = \dfrac{\square}{\square} - \dfrac{\square}{\square} = \dfrac{\square}{\square} - \dfrac{\square}{\square} = \dfrac{\square}{\square}$

d) $\dfrac{3}{4} - \dfrac{2}{6} =$

e) $\dfrac{3}{5} - \dfrac{1}{3} =$

❷ Im Kühlschrank steht $\frac{1}{3}$ Torte. Julia isst $\frac{1}{4}$ davon.

Frage: _____

Rechnung: _____

Antwort: _____

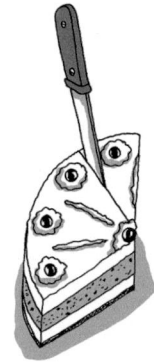

❸ Löse die Aufgaben.

−	$\frac{2}{4}$	$\frac{1}{2}$	$\frac{5}{9}$
$\frac{7}{8}$			
$\frac{11}{12}$			
$\frac{5}{7}$			

❹ Subtrahiere immer $\frac{1}{11}$. Kürze das Ergebnis, wenn möglich.

$\dfrac{84}{99} \rightarrow \boxed{\dfrac{}{}} \rightarrow \boxed{\dfrac{}{}} \rightarrow \boxed{\dfrac{}{}} \rightarrow \boxed{\dfrac{}{}}$

K. Becker/A. Fingerhut: Bruchrechnung in kleinen Schritten – Band 3
© Persen Verlag

Gemischte Zahlen subtrahieren

$\frac{3}{4} \begin{matrix} < \\ + \\ - \end{matrix}$

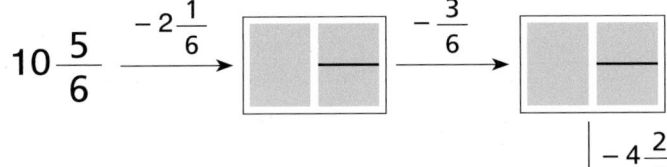

$$2\frac{3}{4} \quad - \quad 1\frac{1}{4} \quad = \quad 1\frac{2}{4}$$

Gemischte Zahlen werden subtrahiert, indem man ganze Zahl mit ganzer Zahl und Bruch mit Bruch subtrahiert.

❶ Löse die Aufgaben.

a) $2\frac{2}{3} - 1\frac{1}{3} = $ ☐ ☐

b) $3\frac{4}{5} - 2\frac{2}{5} = $

c) $5\frac{8}{9} - 3\frac{4}{9} = $

d) $12\frac{11}{20} - 3\frac{4}{20} - 2\frac{5}{20} = $

e) $15\frac{7}{12} - 4\frac{4}{12} - \frac{2}{12} = $

❷ Setze die fehlenden Zahlen ein.

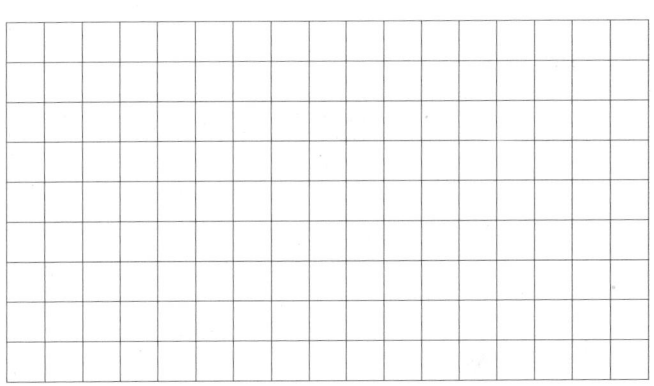

$10\frac{5}{6} \xrightarrow{-2\frac{1}{6}}$ ☐ $\xrightarrow{-\frac{3}{6}}$ ☐

$\downarrow -4\frac{2}{6}$

$\boxed{0} \xleftarrow{-1\frac{1}{6}}$ ☐ $\xleftarrow{-2\frac{4}{6}}$ ☐

❸ Löse die Aufgaben.

Brüche mit verschiedenen Nennern zuerst auf den Hauptnenner erweitern.

$$2\frac{2}{3} - 1\frac{1}{2} = 2\frac{2 \cdot ②}{3 \cdot ②} - 1\frac{1 \cdot ③}{2 \cdot ③} = 2\frac{4}{6} - 1\frac{3}{6} = 1\frac{1}{6}$$

a) $4\frac{1}{2} - 2\frac{3}{8} = 2$

b) $5\frac{6}{7} - 1\frac{2}{3} = $

c) $10\frac{4}{9} - 3\frac{2}{6} - 1\frac{1}{18} = $

❹ Herr Meyer will $\frac{5}{4}$ m² Wand streichen. Er hat noch Farbe für $\frac{8}{6}$ m². Reicht die Farbe aus, um die Wand zu streichen? Wenn ja, wie viel Farbe bleibt übrig?

Rechnung: _____

Antwort: _____

Harry rechnet zusammen:

$$\frac{1}{4} \ + \ \frac{1}{4} \ + \ \frac{1}{4} \ = \ \frac{3}{4}$$

Harry kann auch mal rechnen:

$$3 \ \cdot \ \frac{1}{4} \ = \ \frac{3 \cdot 1}{4} \ = \ \frac{3}{4}$$

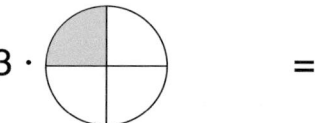 $3 \ \cdot$ 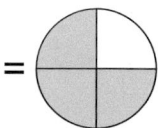 $=$

Beim Malnehmen eines Bruches mit einer natürlichen Zahl nimmt man den Zähler mit der Zahl mal. Der Nenner bleibt gleich.

$$3 \ \cdot \ \frac{2}{7} \ = \ \frac{3 \cdot 2}{7} \ = \ \frac{6}{7}$$

❶ Schreibe als Mal-Aufgabe und berechne.
Schreibe das Ergebnis als gemischte Zahl, wenn möglich.

a)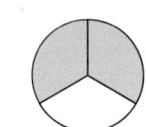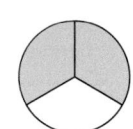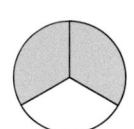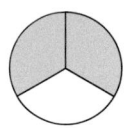

$$\boxed{4} \ \cdot \ \frac{2}{3} \ = \ \frac{ \cdot 2}{3} \ = \ \frac{}{3} \ = 2\frac{2}{3}$$

b)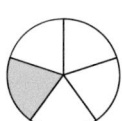

_____

c)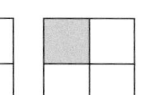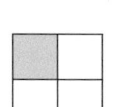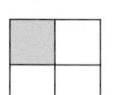

_____

d)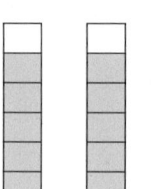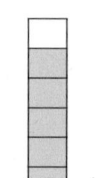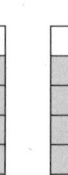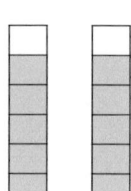

_____

e)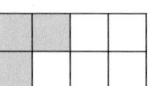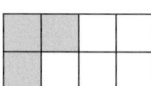

_____

f)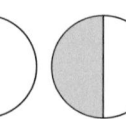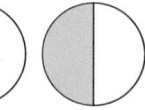

_____

K. Becker/A. Fingerhut: Bruchrechnung in kleinen Schritten – Band 3
© Persen Verlag

❶ Schreibe als Mal-Aufgabe und berechne.

Beispiel:

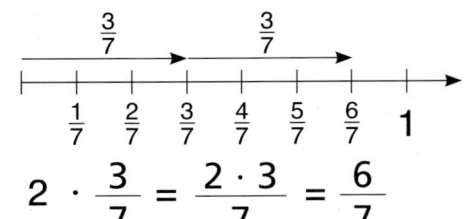

$$2 \cdot \frac{3}{7} = \frac{2 \cdot 3}{7} = \frac{6}{7}$$

a)

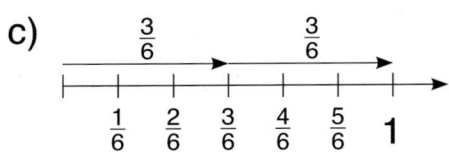

_____

b)

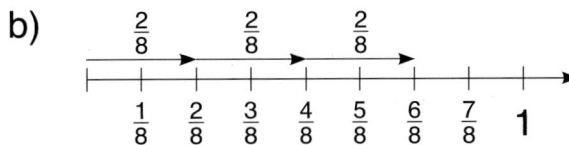

_____

c)

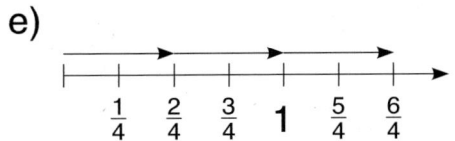

_____

d)

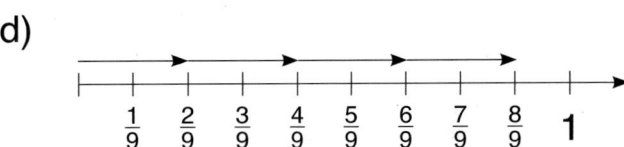

_____

e)

_____

f)

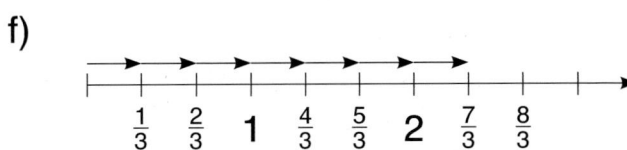

_____

❷ Schreibe als Mal-Aufgabe und berechne.
Schreibe das Ergebnis als gemischte Zahl, wenn möglich.

a) $\frac{1}{7} + \frac{1}{7} + \frac{1}{7}$

$$3 \cdot \frac{1}{7} = \frac{3}{7}$$

_____

b) $\frac{3}{9} + \frac{3}{9} + \frac{3}{9} + \frac{3}{9}$

_____

c) $\frac{3}{7} + \frac{3}{7}$

_____

d) $\frac{4}{21} + \frac{4}{21} + \frac{4}{21} + \frac{4}{21} + \frac{4}{21}$

_____

e) $\frac{6}{15} + \frac{6}{15} + \frac{6}{15} + \frac{6}{15}$

_____

f) $\frac{1}{32} + \frac{1}{32} + \frac{1}{32} + \frac{1}{32} + \frac{1}{32}$

_____

Vervielfachen von Brüchen 2

$$\frac{2}{3} \cdot \frac{1}{2}$$

 Beim Malnehmen eines Bruches mit einer natürlichen Zahl nimmt man den Zähler mit der Zahl mal. Der Nenner bleibt gleich.

❶ Berechne und schreibe das Ergebnis als gemischte Zahl, wenn möglich.

a) $7 \cdot \frac{2}{9}$ = $\frac{ \cdot }{}$ = $\frac{}{}$ =

b) $8 \cdot \frac{1}{8}$ = $\frac{ \cdot }{}$ = $\frac{}{}$ =

c) $3 \cdot \frac{1}{5}$ = $\frac{ \cdot }{}$ = $\frac{}{}$

d) $5 \cdot \frac{4}{7}$ = $\frac{ \cdot }{}$ = $\frac{}{}$ =

e) $4 \cdot \frac{7}{6}$ = $\frac{ \cdot }{}$ = $\frac{}{}$ =

f) $10 \cdot \frac{5}{3}$ = $\frac{ \cdot }{}$ = $\frac{}{}$ =

❷ Anna trinkt täglich $\frac{3}{4}$ l Milch. Wie viel Liter trinkt sie in einer Woche (= 7 Tage)?

Rechnung: _____

Antwort: _____

❸ Verdreifache („**3** ·"...) die Brüche.

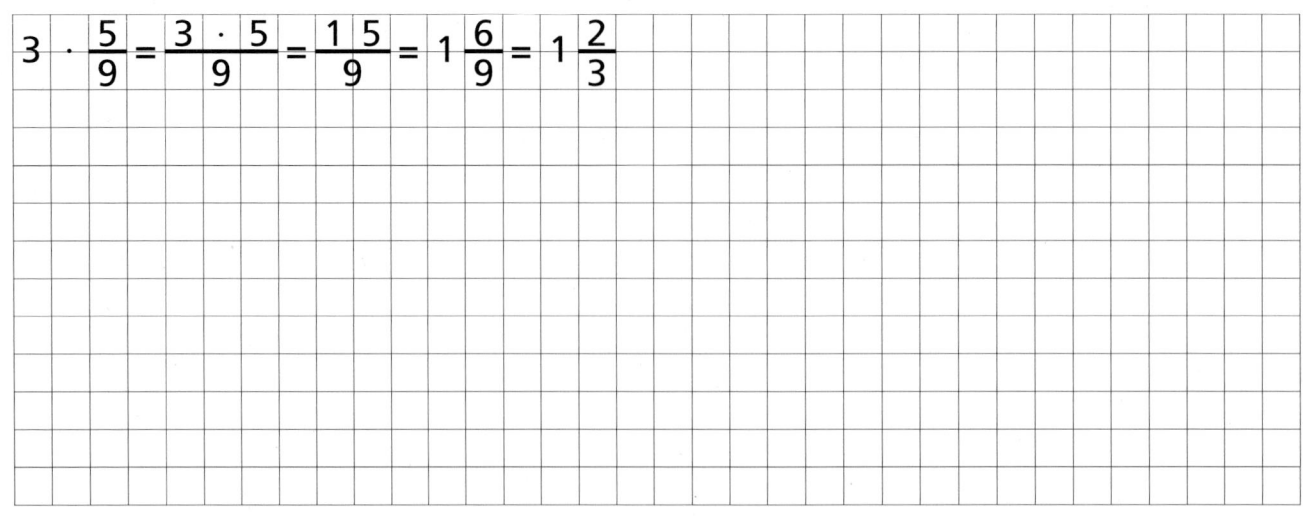

| $\frac{5}{9}$ | | | $\frac{1}{12}$ | $\frac{5}{11}$ | | $\frac{3}{10}$ | | $\frac{3}{7}$ |

$\frac{1}{2}$ $\frac{3}{4}$ $\frac{2}{3}$ $\frac{5}{11}$ $\frac{4}{6}$ $\frac{3}{10}$ $\frac{1}{8}$

$$3 \cdot \frac{5}{9} = \frac{3 \cdot 5}{9} = \frac{15}{9} = 1\frac{6}{9} = 1\frac{2}{3}$$

K. Becker/A. Fingerhut: Bruchrechnung in kleinen Schritten – Band 3
© Persen Verlag

Vervielfachen von Brüchen 3

$$\frac{2}{3} \cdot \frac{1}{2}$$

❶ Berechne. Die Endergebnisse findest du unter der Aufgabe.
Vergleiche deine Ergebnisse.

a) $4 \cdot \dfrac{1}{9} =$

$5 \cdot \dfrac{2}{11} =$

$32 \cdot \dfrac{1}{8} =$

$2 \cdot \dfrac{3}{4} =$

b) $11 \cdot \dfrac{2}{7} =$

$6 \cdot \dfrac{3}{5} =$

$3 \cdot \dfrac{8}{9} =$

$5 \cdot \dfrac{5}{8} =$

c) $7 \cdot \dfrac{5}{6} =$

$9 \cdot \dfrac{7}{4} =$

$3 \cdot \dfrac{10}{12} =$

$2 \cdot \dfrac{24}{31} =$

Blumen oben: $\dfrac{4}{9}$; $3\dfrac{1}{7}$; $15\dfrac{3}{4}$; $1\dfrac{17}{31}$; $\dfrac{10}{11}$; $3\dfrac{3}{5}$

Blumen unten: $2\dfrac{1}{2}$; $1\dfrac{1}{2}$; 4 ; $2\dfrac{2}{3}$; $3\dfrac{1}{8}$; $5\dfrac{5}{6}$

❷ In eine Tasse passt $\dfrac{2}{8}$ Liter Milch. Wie viele Liter Milch passen in 5 Tassen?
Reichen 2 Liter Milch, um 5 Tassen mit Milch zu füllen?

Rechnung:

Antwort: _____

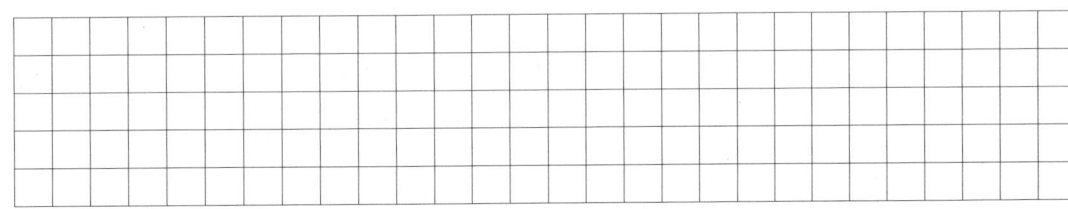

Gemischte Zahlen werden zuerst in Brüche umgewandelt.

Beispiel: $3 \cdot 1\dfrac{1}{4} = 3 \cdot \dfrac{5}{4} = \dfrac{3 \cdot 5}{4} = \dfrac{15}{4} = 3\dfrac{3}{4}$

❸ Berechne wie im Beispiel.

a) $6 \cdot 1\dfrac{1}{5} =$ _____

b) $3 \cdot 1\dfrac{1}{2} =$ _____

c) $5 \cdot 2\dfrac{1}{4} =$ _____

d) $4 \cdot 1\dfrac{3}{5} =$ _____

e) $7 \cdot 2\dfrac{2}{7} =$ _____

Sabine macht ein Jahrespraktikum.

Sie erzählt: „Ich verdiene 120 € im Monat. Das ist nicht viel, aber ich spare trotzdem $\frac{2}{3}$ von diesen 120 € jeden Monat."

Wie viel Euro spart Sabine jeden Monat?

$$\frac{2}{3} \text{ von } 120 \text{ € } = \frac{2}{3} \cdot 120 \text{ € } = \frac{2 \cdot 120}{3} \text{ € } = \frac{240}{3} \text{ € } = \underline{\underline{80 \text{ €}}}$$

 „von" heißt hier „mal"

❶ Berechne.

a) Wie viel sind $\frac{2}{5}$ von 10 cm?

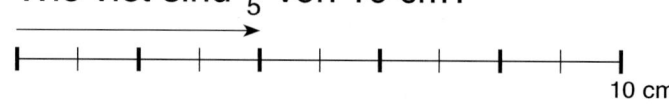   10 cm

b) Wie viel sind $\frac{4}{7}$ von 14 cm?

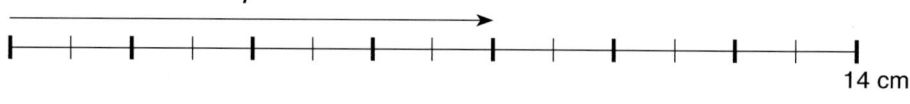   14 cm

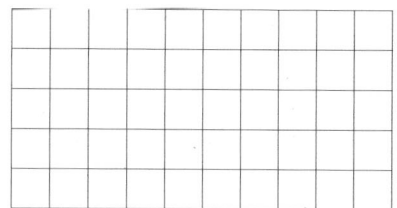

c) Wie viel sind $\frac{3}{4}$ von 12 cm?

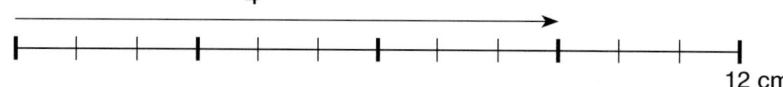   12 cm

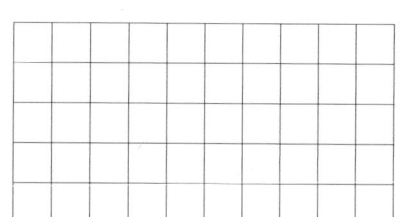

❷ Berechne.

a) $\frac{4}{5}$ von 5 cm =

$\frac{3}{4}$ von 6 km =

$\frac{3}{8}$ von 5 cm =

b) $\frac{2}{7}$ von 21 l =

$\frac{3}{10}$ von 12 dm =

$\frac{4}{8}$ von 8 € =

K. Becker/A. Fingerhut: Bruchrechnung in kleinen Schritten – Band 3
© Persen Verlag

❶ Mit welcher natürlichen Zahl wurde mal genommen? Fülle die Lücken aus.

a) $\dfrac{6}{9} \cdot \boxed{} = \dfrac{12}{9}$

b) $\dfrac{8}{10} \cdot \boxed{} = \dfrac{32}{10}$

c) $\dfrac{7}{12} \cdot \boxed{} = \dfrac{49}{12}$

$\boxed{} \cdot \dfrac{3}{8} = \dfrac{15}{8}$

$\boxed{} \cdot \dfrac{3}{4} = \dfrac{27}{4}$

$\dfrac{8}{11} \cdot \boxed{} = \dfrac{72}{11}$

> Gemischte Zahlen werden zuerst in Brüche umgewandelt.
>
> Beispiel: $2\dfrac{1}{2} \cdot 3 = \dfrac{5}{2} \cdot 3 = \dfrac{5 \cdot 3}{2} = \dfrac{15}{2} = 7\dfrac{1}{2}$

❷ Berechne wie im Beispiel.

a) $2\dfrac{1}{2} \cdot 5 =$

b) $3\dfrac{1}{5} \cdot 2 =$

c) $5\dfrac{1}{3} \cdot 3 =$

❸ Frau Müller hat 7 Säcke Kartoffeln zu je $5\dfrac{1}{2}$ kg gekauft. Wie viel Kilogramm Kartoffeln hat sie insgesamt gekauft?

Rechnung: _____

Antwort: _____

❹ Löse die Aufgaben. Kürze schon vor dem Ausrechnen.

> Beispiel: $\dfrac{3}{4} \cdot 8 = \dfrac{3 \cdot \cancel{8}^{2}}{\cancel{4}_{1}} = \dfrac{3 \cdot 2}{1} = 6$

a) $\dfrac{7}{9} \cdot 18 =$

d) $\dfrac{7}{12} \cdot 4 =$

b) $6 \cdot \dfrac{5}{12} =$

e) $8 \cdot \dfrac{3}{32} =$

c) $\dfrac{2}{5} \cdot 10 =$

f) $\dfrac{2}{3} \cdot 12 =$

Frau Meier möchte ihren Garten umgestalten.
$\frac{3}{4}$ des Gartens sind Rasenfläche.
$\frac{2}{5}$ von dieser Rasenfläche sollen Blumenbeete werden.
Welchen Anteil nehmen die Blumenbeete im neuen
Garten ein? Also wie berechnet man $\frac{2}{5}$ **von** $\frac{3}{4}$?

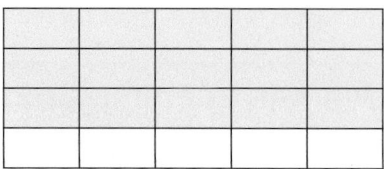

$\frac{3}{4}$ Rasenfläche

Die Rasenfläche wird in
5 gleiche Teile zerlegt:

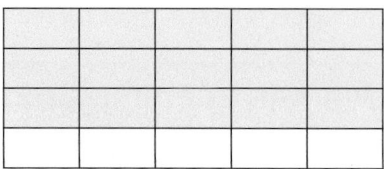

$$\frac{3}{4} : 5 = \frac{3}{4 \cdot 5} = \frac{3}{20}$$

Von diesen 5 Teilen
nimmt man nun 2 Teile:

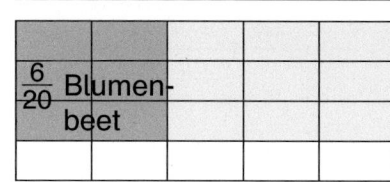

$\frac{6}{20}$ Blumen-
beet

$$\frac{3}{20} \cdot 2 = \frac{3 \cdot 2}{20} = \frac{6}{20} = \frac{3}{10}$$

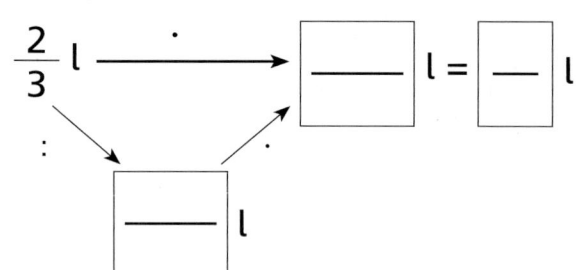

$\frac{2}{5}$ von $\frac{3}{4}$ bedeutet also $\frac{3}{4} \xrightarrow{\cdot \frac{2}{5}} \frac{3 \cdot 2}{4 \cdot 5} = \frac{6}{20} = \frac{3}{10}$

$: 5 \searrow \frac{3}{4 \cdot 5} \nearrow \cdot 2$

„von" heißt hier „mal"

❶ Berechne mithilfe des Operatormodells.

a) $\frac{3}{5}$ von $\frac{6}{7}$ kg

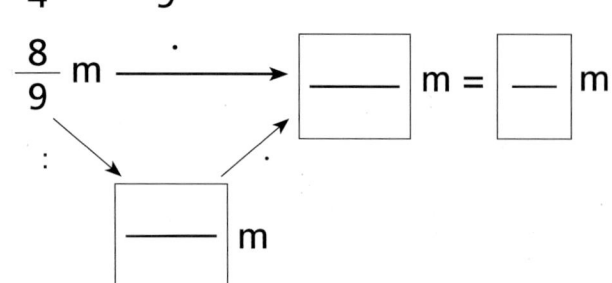

b) $\frac{1}{6}$ von $\frac{2}{3}$ l

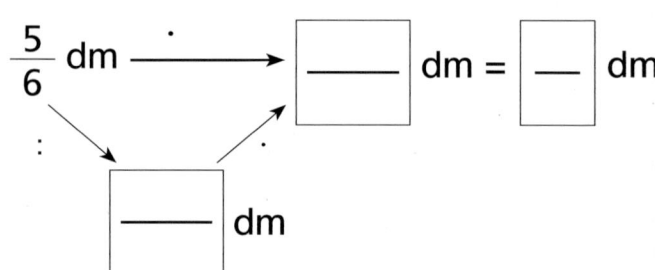

c) $\frac{3}{4}$ von $\frac{8}{9}$ m

d) $\frac{4}{7}$ von $\frac{5}{6}$ dm

K. Becker/A. Fingerhut: Bruchrechnung in kleinen Schritten – Band 3
© Persen Verlag

Man kann Brüche mithilfe des Operatormodells mal nehmen.

Beispiel: $\dfrac{4}{5} \cdot \dfrac{3}{8} = ?$

$$\dfrac{4}{5} \xrightarrow{\ \cdot \frac{3}{8}\ } \dfrac{4 \cdot 3}{5 \cdot 8}$$

$$: 8 \searrow \quad \dfrac{4}{5 \cdot 8} \quad \nearrow \cdot 3$$

Der Rechenweg ohne Zwischenschritte ist schneller:
Zähler mal **Zähler** und **Nenner** mal **Nenner**.

$$\dfrac{4}{5} \cdot \dfrac{3}{8} = \dfrac{4 \cdot 3}{5 \cdot 8} = \dfrac{12}{40} = \dfrac{3}{10}$$

❶ Berechne.

Kürze das Ergebnis und schreibe es als gemischte Zahl, wenn möglich.

a) $\dfrac{4}{5} \cdot \dfrac{2}{3} = $ ——— =

$\dfrac{1}{4} \cdot \dfrac{1}{3} = $ ——— =

$\dfrac{2}{7} \cdot \dfrac{4}{9} = $ ——— =

b) $\dfrac{5}{6} \cdot \dfrac{4}{3} = $ ——— =

$\dfrac{7}{8} \cdot \dfrac{2}{5} = $ ——— =

$\dfrac{11}{8} \cdot \dfrac{3}{5} = $ ——— =

c) $\dfrac{7}{6} \cdot \dfrac{5}{8} = $ ——— =

$\dfrac{3}{9} \cdot \dfrac{1}{11} = $ ——— =

$\dfrac{4}{6} \cdot \dfrac{9}{8} = $ ——— =

d) $\dfrac{6}{4} \cdot \dfrac{7}{5} = $ ——— =

$\dfrac{9}{5} \cdot \dfrac{1}{12} = $ ——— =

$\dfrac{13}{10} \cdot \dfrac{3}{6} = $ ——— =

❷ Schreibe als Mal-Aufgabe und berechne!

„von" heißt hier „mal"

a) $\dfrac{2}{3}$ von $\dfrac{1}{2}$ kg $= \boxed{\dfrac{1}{2} \text{ kg} \cdot \dfrac{2}{3}} = $ ——— kg =

b) $\dfrac{4}{3}$ von $\dfrac{2}{3}$ l $= \boxed{} = $ ——— l =

c) $\dfrac{1}{6}$ von $\dfrac{1}{8}$ m $= \boxed{} = $ ——— m =

d) $\dfrac{3}{4}$ von $\dfrac{8}{9}$ mm $= \boxed{} = $ ——— mm =

e) $\dfrac{4}{5}$ von $\dfrac{7}{10}$ dm $= \boxed{} = $ ——— dm =

Multiplikation von Brüchen 2

$$\frac{2}{3} \cdot \frac{1}{2}$$

❶ Berechne die fehlenden Felder in der Tabelle.

a)

·	$\frac{1}{4}$	$\frac{2}{3}$	$\frac{3}{7}$
$\frac{2}{5}$			
$\frac{6}{11}$			
$\frac{8}{9}$			

b)

·	$\frac{7}{9}$	$\frac{8}{11}$	$\frac{5}{6}$
$\frac{8}{9}$			
$\frac{6}{10}$			
$\frac{3}{7}$			

❷ Eine $\frac{3}{4}$ l-Flasche Apfelsaft ist zu $\frac{5}{6}$ gefüllt.
Wie viel Liter Apfelsaft sind noch in der Flasche?

Rechnung: _____

Antwort: _____

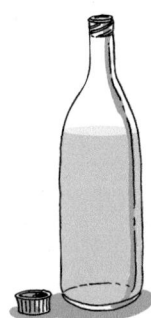

❸ Berechne. Kürze schon vor dem Ausrechnen.
Schreibe als gemischte Zahl, wenn möglich.

Beispiel: $\dfrac{3}{\cancel{6}_1} \cdot \dfrac{\cancel{12}^2}{5} = \dfrac{3 \cdot 2}{1 \cdot 5} = \dfrac{6}{5} = 1\dfrac{1}{5}$

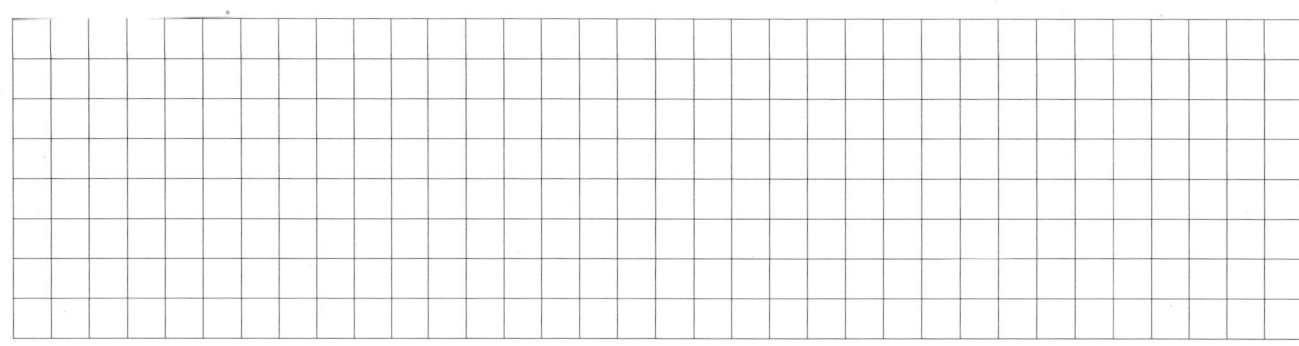

a) $\dfrac{7}{\cancel{5}_1} \cdot \dfrac{\cancel{5}^1}{3} =$

b) $\dfrac{3}{4} \cdot \dfrac{8}{7} =$

$\dfrac{4}{5} \cdot \dfrac{8}{7} =$

$\dfrac{7}{8} \cdot \dfrac{2}{3} =$

$\dfrac{8}{9} \cdot \dfrac{9}{8} =$

$\dfrac{2}{3} \cdot \dfrac{3}{2} =$

K. Becker/A. Fingerhut: Bruchrechnung in kleinen Schritten – Band 3
© Persen Verlag

Gemischte Zahlen werden zuerst in Brüche umgewandelt.

Beispiel: $5\dfrac{3}{4} \cdot \dfrac{1}{2} = \dfrac{23}{4} \cdot \dfrac{1}{2} = \dfrac{23}{8} = 2\dfrac{7}{8}$

❶ Berechne wie im Beispiel.

a)
$1\dfrac{2}{5} \cdot \dfrac{4}{7} =$

$2\dfrac{1}{7} \cdot \dfrac{2}{3} =$

$4\dfrac{2}{3} \cdot \dfrac{1}{9} =$

$\dfrac{5}{6} \cdot 1\dfrac{1}{3} =$

b)
$\dfrac{2}{3} \cdot 6\dfrac{2}{5} =$

$7\dfrac{1}{2} \cdot \dfrac{3}{4} =$

$\dfrac{7}{9} \cdot 3\dfrac{2}{3} =$

$2\dfrac{8}{11} \cdot \dfrac{2}{4} =$

❷ Eine große Gärtnerei besitzt $2\dfrac{1}{3}$ Hektar Land. Diese Fläche wird zu $\dfrac{1}{8}$ für die Rosenzucht verwendet, zu $\dfrac{3}{5}$ für die Baumschule und zu $\dfrac{1}{7}$ für Sträucher. Der Rest ist ungenutzt.

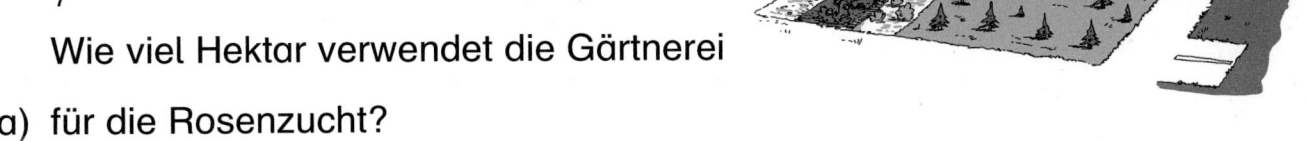

Wie viel Hektar verwendet die Gärtnerei

a) für die Rosenzucht?

Rechnung: _____

Antwort: _____

b) für die Baumschule?

Rechnung: _____

Antwort: _____

c) für die Sträucher?

Rechnung: _____

Antwort: _____

❶ Amina und Justin möchten um die Wette rechnen.

Sie lösen beide die Aufgabe: $\frac{5}{6} \cdot \frac{24}{35}$.

Justin rechnet: $\frac{5}{6} \cdot \frac{24}{35} = \frac{5 \cdot 24}{6 \cdot 35} = \frac{?}{?}$

Diese Mal-Aufgaben sind zu schwierig.
Wie kann Amina die Aufgabe leichter und schneller lösen?

Rechnung: _____

Kürze schon vor dem Ausrechnen. So wird das Rechnen einfacher.

 Beispiel: $\frac{5}{12} \cdot \frac{8}{15} = \frac{\cancel{5}^{1}}{\cancel{12}_{3}} \cdot \frac{\cancel{8}^{2}}{\cancel{15}_{3}} = \frac{1}{3} \cdot \frac{2}{3} = \frac{2}{9}$

Manchmal kannst du vor dem Ausrechnen sogar zweimal kürzen.

---

❷ Berechne wie im Beispiel.

a) $\frac{5}{14} \cdot \frac{7}{10} =$

$\frac{8}{15} \cdot \frac{3}{4} =$

$\frac{12}{17} \cdot \frac{34}{60} =$

$\frac{16}{45} \cdot \frac{9}{64} =$

b) $2\frac{2}{7} \cdot \frac{28}{40} =$

$\frac{4}{5} \cdot 3\frac{1}{8} =$

$\frac{11}{20} \cdot \frac{15}{22} =$

$6\frac{6}{7} \cdot \frac{7}{40} =$

❸ Kreuze die richtige Antwort an. Vergiss das Kürzen nicht!

a) $\frac{16}{11} \cdot \frac{5}{8} =$

☐ $\frac{8}{11}$

☐ $\frac{10}{1}$

☐ $\frac{10}{11}$

b) $\frac{11}{10} \cdot \frac{5}{33} =$

☐ $\frac{1}{6}$

☐ $\frac{55}{33}$

☐ $\frac{5}{330}$

c) $3\frac{1}{5} \cdot \frac{3}{8} =$

☐ $\frac{6}{40}$

☐ $\frac{7}{5}$

☐ $1\frac{1}{5}$

d) $\frac{4}{5} \cdot 4\frac{3}{8} =$

☐ $\frac{7}{10}$

☐ $3\frac{1}{2}$

☐ $4\frac{1}{2}$

K. Becker/A. Fingerhut: Bruchrechnung in kleinen Schritten – Band 3
© Persen Verlag

❶ Ergänze die Rechenpyramide. Nimm dazu immer zwei nebeneinander stehende Brüche mal. Kürze alle Ergebnisse.

a)

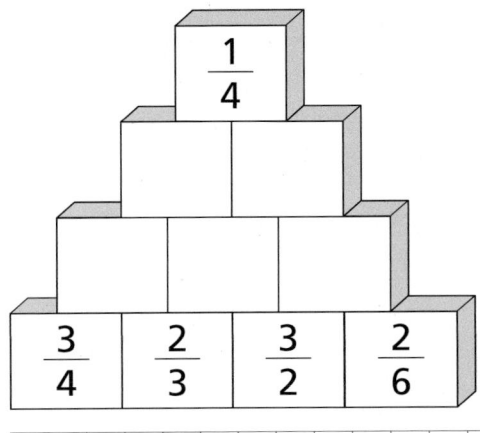

b)

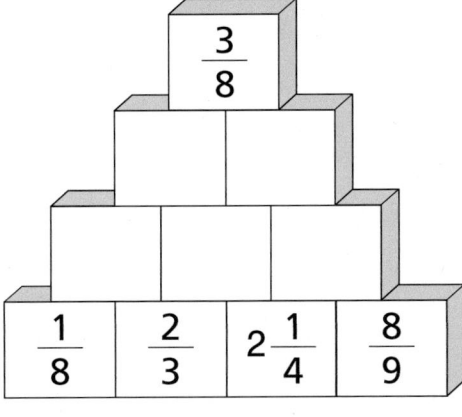

❷ Berechne. Wie viel sind

a) $\frac{1}{3}$ von $1\frac{1}{3}$ Liter?

Antwort: _____

b) $\frac{5}{6}$ von $3\frac{6}{10}$ Kilogramm?

Antwort: _____

c) $\frac{2}{3}$ von einer $\frac{3}{4}$ Stunde?

Antwort: _____

„von" heißt hier „mal"

❸ Mach zuerst einen Überschlag mit natürlichen Zahlen. Berechne dann das genaue Ergebnis.

Genaue Rechnung:

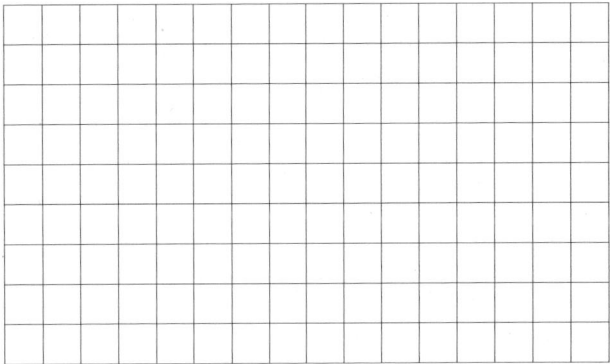

a) $8\frac{2}{5} \cdot 2\frac{2}{9} =$ _____   Ü: $8 \cdot 2 = 16$

b) $2\frac{1}{10} \cdot 2\frac{6}{7} =$ _____   Ü: _____

c) $3\frac{3}{4} \cdot 2\frac{1}{5} =$ _____   Ü: _____

Vermischte Übungen: Multiplikation 1

$\dfrac{2}{3} \cdot \dfrac{1}{2}$

❶ Schreibe als Mal-Aufgabe und berechne.

a)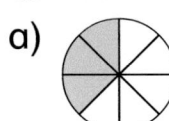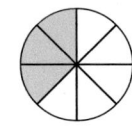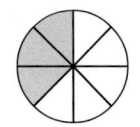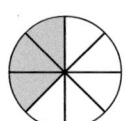

$4 \cdot$ _____

b)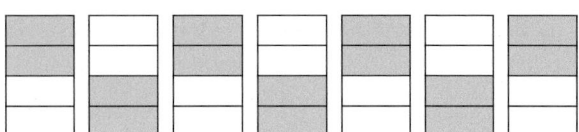

_____

c) $\dfrac{2}{7} + \dfrac{2}{7} + \dfrac{2}{7} + \dfrac{2}{7} + \dfrac{2}{7}$

d) $\dfrac{4}{11} + \dfrac{4}{11} + \dfrac{4}{11}$

_____

e) $\dfrac{5}{8}$ von 7 km

f) $\dfrac{6}{11}$ von 8 l

_____

❷ Berechne. Schreibe das Ergebnis als gemischte Zahl, wenn möglich.

a) $4 \cdot \dfrac{7}{9} =$

$\dfrac{5}{11} \cdot 6 =$

$\dfrac{7}{9} \cdot \dfrac{1}{2} =$

$\dfrac{1}{6} \cdot \dfrac{2}{9} =$

b) $\dfrac{6}{7} \cdot \dfrac{9}{5} =$

$\dfrac{1}{2} \cdot \dfrac{15}{7} =$

$7 \cdot \dfrac{1}{2} =$

$\dfrac{6}{7} \cdot 5 =$

c) $10 \cdot \dfrac{3}{7} =$

$\dfrac{4}{3} \cdot \dfrac{5}{6} =$

$\dfrac{9}{11} \cdot 8 =$

$\dfrac{3}{16} \cdot \dfrac{9}{2} =$

❸ In einen großen Trinkbecher passen $\dfrac{2}{3}$ Liter Orangenlimonade. Wie viel Liter Orangenlimonade passen in 4 solche Trinkbecher?

Rechnung: _____

Antwort: _____

❹ Berechne.

a) $\dfrac{2}{5}$ von $\dfrac{3}{4}$

b) $\dfrac{3}{7}$ von $\dfrac{1}{2}$

c) $\dfrac{1}{8}$ von $\dfrac{4}{5}$

d) $\dfrac{1}{6}$ von $\dfrac{7}{10}$

_____ _____ _____ _____

e) $\dfrac{3}{5}$ von $\dfrac{3}{4}$

f) $\dfrac{5}{6}$ von $\dfrac{7}{11}$

g) Welche Regel hast du hier verwendet?

_____ _____ _____

K. Becker/A. Fingerhut: Bruchrechnung in kleinen Schritten – Band 3
© Persen Verlag

❶ Vervierfache („**4 ·** "…) die Brüche $\dfrac{3}{7}$, $\dfrac{11}{13}$, $2\dfrac{1}{3}$, $\dfrac{5}{9}$, $1\dfrac{3}{7}$.

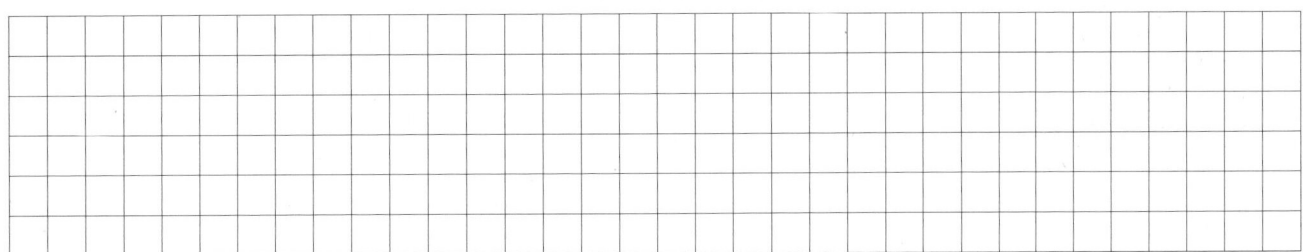

❷ Bauer Düllmann nutzt $\dfrac{4}{5}$ ha seines Landes für den Pflanzenanbau. Davon hat er $\dfrac{7}{20}$ mit Blumen und $\dfrac{5}{8}$ mit Kartoffeln bepflanzt. Wie viel Hektar Kartoffeln sind das? Wie viel Hektar Blumen sind das?

Rechnung: _____

_____

Antwort: _____

_____

❸ Berechne die Schlangenaufgaben. Kürze, wenn es möglich ist.

a)

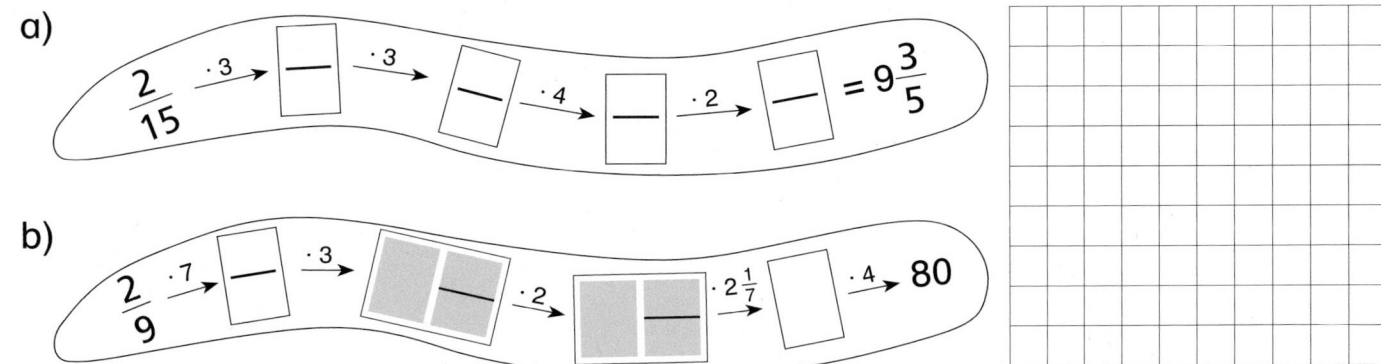

b)

❹ Berechne die freien Felder. Nimm dazu die jeweils nebeneinander stehenden Brüche mal. Kürze alle Ergebnisse.

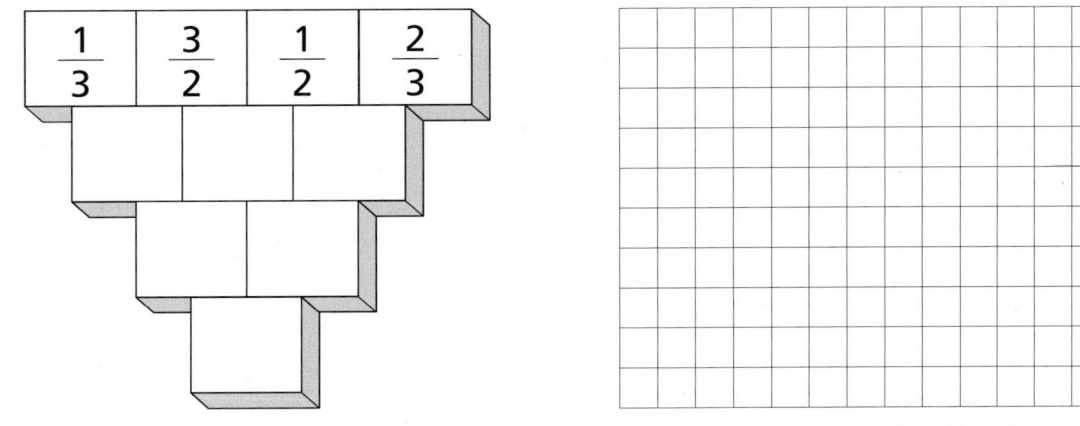

❶ Berechne und kürze vor dem Ausrechnen.

a) $\dfrac{6}{7} \cdot \dfrac{4}{9} =$

$\dfrac{3}{4} \cdot \dfrac{8}{15} =$

$\dfrac{5}{6} \cdot \dfrac{6}{10} =$

$\dfrac{6}{8} \cdot \dfrac{3}{4} =$

b) $\dfrac{7}{8} \cdot \dfrac{16}{21} =$

$\dfrac{49}{32} \cdot \dfrac{24}{35} =$

$\dfrac{12}{7} \cdot \dfrac{5}{18} =$

$\dfrac{15}{28} \cdot \dfrac{20}{35} =$

❷ Berechne.

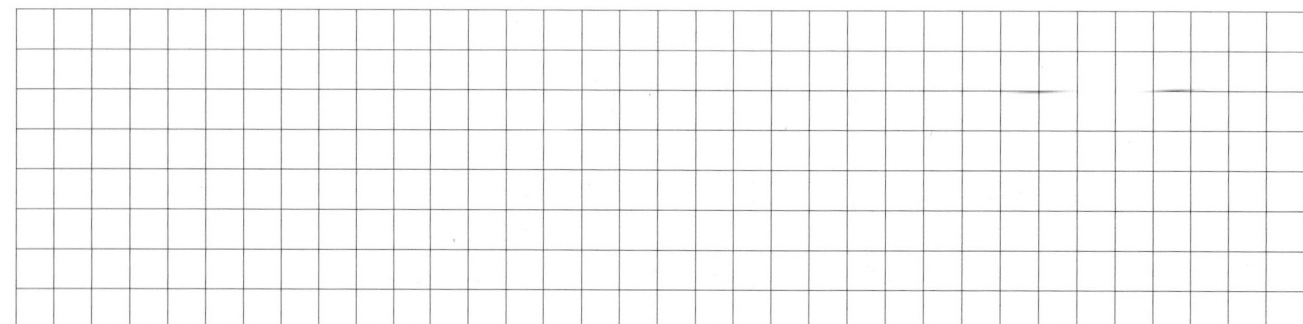

| $\dfrac{9}{11}$ | $1\dfrac{1}{4}$ | $\dfrac{5}{6}$ | $\cdot$ | 6 | $\dfrac{1}{2}$ | $\dfrac{7}{4}$ |

❸ Jutta hat 7 Kinder zu ihrem Geburtstag eingeladen. Jeder ihrer Gäste trinkt ca. $\frac{8}{9}$ Liter Saft an diesem Tag. Reichen 8 Liter Saft aus, um den Durst von allen Gästen zu stillen?

Rechnung: _____

Antwort: _____

❹ Setze die passenden Zahlen ein.

a) $\dfrac{5}{8} \cdot \boxed{} = \dfrac{25}{32}$

$\dfrac{24}{32} \cdot \boxed{} = \dfrac{48}{32}$

$\dfrac{7}{3} \cdot \boxed{} = \dfrac{63}{24}$

b) $\boxed{} \cdot \dfrac{7}{8} = \dfrac{21}{48}$

$\boxed{} \cdot \dfrac{11}{12} = \dfrac{55}{12}$

$\dfrac{3}{4} \cdot \boxed{} = \dfrac{33}{48}$

c) $\dfrac{\boxed{}}{4} \cdot \dfrac{3}{\boxed{}} = \dfrac{12}{20}$

$\dfrac{4}{\boxed{}} \cdot \dfrac{\boxed{}}{7} = \dfrac{8}{35}$

$\boxed{} \cdot \dfrac{6}{7} = \dfrac{30}{42}$

K. Becker/A. Fingerhut: Bruchrechnung in kleinen Schritten – Band 3
© Persen Verlag

Einführung: Division von Brüchen durch ganze Zahlen

Lukas und seine beiden Brüder wollen sich eine $\frac{3}{4}$ Pizza teilen. Wie viel bekommt jeder?

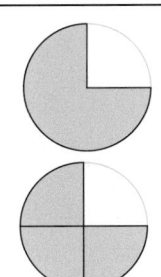

Sie schneiden die Pizza in 3 Teile und sehen, dass jeder $\frac{1}{4}$ bekommt.

Sie können auch geteilt rechnen: $\dfrac{3}{4} : 3 = \dfrac{3}{4 \cdot 3} = \dfrac{3}{12} = \dfrac{1}{4}$ kürzen

 Beim Teilen eines Bruches durch eine ganze Zahl nimmt man den Nenner mit der ganzen Zahl mal. Der Zähler bleibt gleich.

$\dfrac{6}{7} : 3 = \dfrac{6}{7 \cdot 3} = \dfrac{6}{21} = \dfrac{2}{7}$ Anschließend kann man kürzen.
kürzen

❶ Löse die Aufgaben. Rechne geteilt und zeichne.

a) $\dfrac{2}{3} : 2 = \dfrac{2}{3 \cdot 2} = \dfrac{2}{6} = \dfrac{1}{3}$

: 2 =   : 2 =

b) $\dfrac{8}{9} : 4 = \dfrac{\square}{\square \cdot \square} = \dfrac{\square}{\square} = \dfrac{\square}{\square}$

: 4 =   :   =

c) $\dfrac{3}{4} : 2 = \dfrac{\square}{\square \cdot \square} = \dfrac{\square}{\square}$

: 2 =   :   =

❷ Berechne und kürze, wenn möglich.

a) $\dfrac{4}{6} : 2 =$

$\dfrac{8}{15} : 4 =$

$\dfrac{3}{5} : 6 =$

b) $\dfrac{7}{9} : 3 =$

$\dfrac{6}{9} : 3 =$

$\dfrac{12}{17} : 9 =$

❸ Max und Anna teilen sich $\frac{6}{7}$ Liter Milch. Wie viel bekommt jeder?

Rechnung: _____

Antwort: _____

Gemischte Zahlen werden zuerst in Brüche umgewandelt.

Beispiel: $5\dfrac{1}{3} : 4 = \dfrac{16}{3} : 4 = \dfrac{16}{3 \cdot 4} = \dfrac{16}{12} = \dfrac{4}{3} = 1\dfrac{1}{3}$

❶ Berechne wie im Beispiel. Kürze, wenn möglich.

a) $1\dfrac{1}{3} : 2 =$

b) $2\dfrac{3}{8} : 3 =$

c) $3\dfrac{4}{5} : 6 =$

d) $5\dfrac{9}{11} : 4 =$

e) $9\dfrac{3}{7} : 2 =$

f) $2\dfrac{3}{7} : 7 =$

❷ Anna möchte $2\dfrac{3}{4}$ l Saft gleichmäßig auf 7 Gäste verteilen.
Wie viel Saft kommt in jedes Glas?

Rechnung: _____

Antwort: _____

❸ Löse die Aufgaben und schreibe das Ergebnis in gemischter Schreibweise.

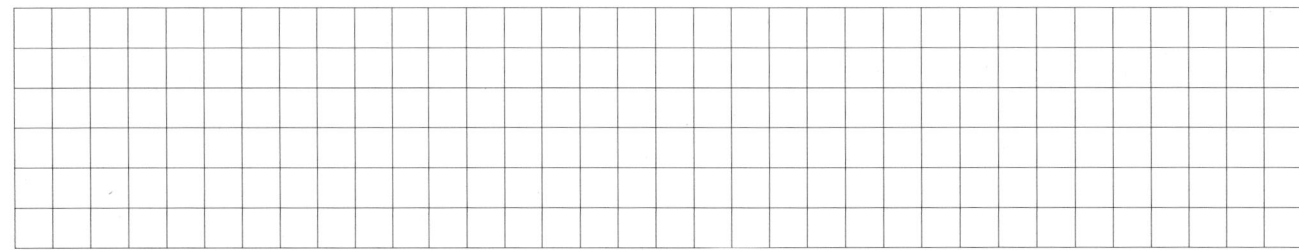

| $1\dfrac{1}{4}$ | $8\dfrac{5}{9}$ | $4\dfrac{7}{11}$ | : | 5 | 6 |

❹ Marcel, Artjom und Sara wollen aus einem $2\dfrac{1}{7}$ m langen Brett 3 gleich große Holzschwerter basteln. Wie lang wird jedes Schwert?

Rechnung: _____

Antwort: _____

❺ Löse die Aufgaben. Achte auf die Einheiten.

a) $1\dfrac{3}{4}$ t $: 7 = \dfrac{7}{4}$ t $: 7 = \dfrac{1}{4}$ t

b) $5\dfrac{2}{9}$ m $: 3 =$

c) $2\dfrac{2}{3}$ min $: 4 =$

d) $6\dfrac{4}{5}$ l $: 2 =$

e) $12\dfrac{4}{7}$ kg $: 8 =$

f) $33\dfrac{1}{3}$ cm $: 10 =$

K. Becker/A. Fingerhut: Bruchrechnung in kleinen Schritten – Band 3
© Persen Verlag

32 Division von Brüchen durch ganze Zahlen 2 $\quad \dfrac{3}{4} : \dfrac{1}{2}$

❶ Setze richtig ein: Zähler, Nenner, gleich.

Will man einen Bruch durch eine ganze Zahl teilen, so nimmt man den

_____ mit der ganzen Zahl mal und der _____ bleibt _____.

❷ Durch welche Zahl wurde geteilt? Fülle die Lücken aus.

a) $\dfrac{7}{4} : \boxed{} = \dfrac{7}{16}$ b) $\dfrac{29}{48} : \boxed{} = \dfrac{29}{96}$ c) $\dfrac{5}{81} : \boxed{} = \dfrac{1}{81}$

d) $\dfrac{21}{11} : \boxed{} = \dfrac{7}{11}$ e) $\dfrac{14}{23} : \boxed{} = \dfrac{7}{23}$ f) $\dfrac{9}{4} : \boxed{} = \dfrac{3}{16}$

❸ Leyla teilt $1\frac{5}{7}$ Tafeln Schokolade unter sich und ihren 2 Geschwistern auf.

Frage: _____

Rechnung: _____

Antwort: _____

❹ Setze die fehlenden Zahlen ein.

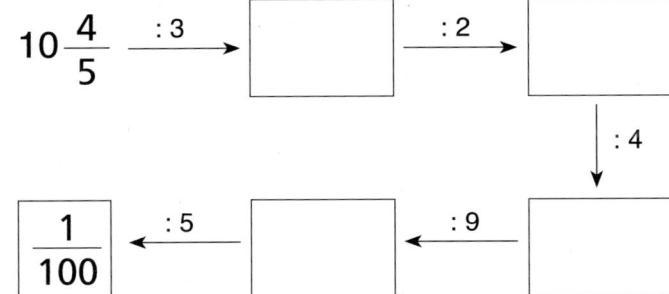

$10\frac{4}{5}$ $\xrightarrow{\;:\,3\;}$ $\boxed{}$ $\xrightarrow{\;:\,2\;}$ $\boxed{}$

$\quad\quad\quad\quad\quad\quad\quad\quad\quad\quad\quad\downarrow :4$

$\boxed{\dfrac{1}{100}}$ $\xleftarrow{\;:\,5\;}$ $\boxed{}$ $\xleftarrow{\;:\,9\;}$ $\boxed{}$

❺ Drei Elefanten sind zusammen $5\frac{1}{4}$ t schwer.
Die Elefanten sind ungefähr gleich schwer.

Frage: _____

Rechnung: _____

Antwort: _____

❻ Nils isst $1\frac{3}{4}$ Tüten Chips in 2 Tagen. Er isst $\boxed{}$ Tüten pro Tag.

Rechnung: _____

Familie Mayer hat ein Brot. Jede Person isst $\frac{1}{4}$ davon. Für wie viele Personen reicht das Brot?

Tobias rechnet: $\quad \frac{1}{4} \quad + \quad \frac{1}{4} \quad + \quad \frac{1}{4} \quad + \quad \frac{1}{4} \quad = \quad 1$

Das Brot reicht für 4 Personen.

Tobias kann auch geteilt rechnen: $\quad 1 : \frac{1}{4} = 1 \cdot \frac{4}{1} = \frac{4}{1} = 4$

 Beim Teilen einer Zahl durch einen Bruch nimmt man mit dem **Kehrbruch** mal. $\qquad 1 : \frac{1}{4} = 1 \cdot \frac{4}{1} = \frac{4}{1}$

Den Kehrbruch eines Bruches erhält man, indem man Zähler und Nenner vertauscht.

Der Kehrbruch von $\frac{1}{4}$ ist $\frac{4}{1}$.

❶ Bilde den Kehrbruch.

a) $\frac{1}{2} \rightarrow \frac{2}{1}$ $\qquad$ b) $\frac{5}{3} \rightarrow$ $\qquad\qquad$ c) $\frac{12}{23} \rightarrow$

$\frac{2}{3} \rightarrow \dfrac{\square}{\square}$ $\qquad\qquad$ $\frac{9}{8} \rightarrow$ $\qquad\qquad$ $\frac{21}{50} \rightarrow$

$\frac{3}{2} \rightarrow \dfrac{\square}{\square}$ $\qquad\qquad$ $\frac{2}{11} \rightarrow$ $\qquad\qquad$ $\frac{37}{65} \rightarrow$

❷ Löse die Aufgaben.

a) $1 : \frac{1}{3} = 1 \cdot \frac{3}{1} = \frac{3}{1} = 3$ $\qquad$ b) $2 : \frac{1}{4} = 2 \cdot \dfrac{\square}{\square} = \dfrac{\square}{\square} =$

c) $4 : \frac{2}{5} =$ $\qquad\qquad\qquad\qquad$ d) $6 : \frac{3}{7} =$

e) $1 : \frac{5}{9} =$ $\qquad\qquad\qquad\qquad$ f) $3 : \frac{7}{12} =$

❸ Berechne und kürze, wenn möglich.
Die richtigen Ergebnisse findest du rechts.

a) $5 : \frac{4}{7} =$ $\qquad\qquad$ b) $6 : \frac{3}{11} =$

$7 : \frac{2}{8} =$ $\qquad\qquad\qquad$ $9 : \frac{1}{9} =$

$18 : \frac{1}{3} =$ $\qquad\qquad\qquad$ $3 : \frac{9}{10} =$

 $\frac{10}{3}$
 $\frac{28}{1}$
 $\frac{81}{1}$
 $\frac{35}{4}$
 $\frac{22}{1}$ $\frac{54}{1}$

K. Becker/A. Fingerhut: Bruchrechnung in kleinen Schritten – Band 3
© Persen Verlag

❶ Setze richtig ein: Nenner, Vertauschen, Kehrbruch.

Beim Teilen einer Zahl durch einen Bruch wird mit dem _____ mal

genommen. Den Kehrbruch erhält man durch _____ von

_____ und Zähler.

❷ Berechne: Teile 7 durch

a) Drei Viertel   = _____

b) Fünf Neuntel   = _____

c) Acht Elftel   = _____

d) Zwölf Siebtel   = _____

$$7 : \dfrac{3}{4} =$$

❸ Tina will Plätzchen backen. Sie hat 5 kg Mehl.
Für ein Blech benötigt sie $\frac{5}{7}$ kg Mehl.
Wie viele Bleche mit Plätzchen kann Tina backen?

Rechnung: _____

Antwort: _____

❹ Wurde hier richtig gerechnet? Überprüfe und korrigiere, wenn nötig.

a) $8 : \dfrac{12}{4} = \dfrac{8}{3}$

b) $15 : \dfrac{7}{2} = \dfrac{30}{6}$

c) $12 : \dfrac{4}{5} = \dfrac{48}{5}$

d) $2 : \dfrac{3}{6} = \dfrac{6}{1}$

   **Gemischte Zahlen werden zuerst in Brüche umgewandelt.**

Beispiel: $5 : 2\dfrac{1}{2} = 5 : \dfrac{5}{2} = 5 \cdot \dfrac{2}{5} = 2$

---

❺ Berechne wie im Beispiel.

a) $1 : 1\dfrac{1}{4} =$

$3 : 1\dfrac{2}{9} =$

$6 : 2\dfrac{7}{11} =$

b) $10 : 3\dfrac{4}{5} =$

$8 : 2\dfrac{7}{10} =$

$21 : 4\dfrac{6}{8} =$

❶ Kathrin hat 3 Liter Bowle gemacht. Wie viele ihrer Gäste können ein Glas Bowle zu $\frac{1}{4}$ Liter trinken?

Rechnung: _____

Antwort: _____

❷ Berechne. Kürze und schreibe in gemischter Schreibweise, wenn möglich.

a) $8 : \frac{4}{5} =$

$4 : \frac{1}{3} =$

$22 : \frac{6}{2} =$

$6 : \frac{2}{7} =$

$45 : 7\frac{9}{10} =$

b) $3 : \frac{7}{4} =$

$2 : 1\frac{1}{2} =$

$16 : \frac{5}{3} =$

$31 : 4\frac{1}{4} =$

$3 : \frac{9}{2} =$

❸ Für ein Zimmer werden 16 m² Tapete benötigt. Herr Rau kann in einer Stunde $1\frac{1}{3}$ m² tapezieren. Wie lange braucht er, bis er fertig ist?

Rechnung: _____

Antwort: _____

Wenn sein Sohn ihm hilft, schafft Herr Rau $\frac{6}{3}$ m² pro Stunde. Wie lange brauchen beide zusammen zum Tapezieren?

Rechnung: _____

Antwort: _____

❹ Teile die 7 durch die Zahlen in den Blütenblättern.

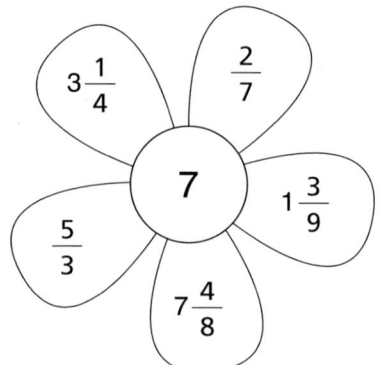

$3\frac{1}{4}$ $\frac{2}{7}$ 7 $1\frac{3}{9}$ $\frac{5}{3}$ $7\frac{4}{8}$

K. Becker/A. Fingerhut: Bruchrechnung in kleinen Schritten – Band 3
© Persen Verlag

Sabine soll $1\frac{1}{2}$ kg Butter kaufen. Wie viele $\frac{1}{4}$-kg-Pakete sind das?

Sabine rechnet:

$$4 \cdot \frac{1}{4} \text{ kg} = \frac{4}{4} \text{ kg} = 1 \text{ kg}$$

$$5 \cdot \frac{1}{4} \text{ kg} = \frac{5}{4} \text{ kg} = 1\frac{1}{4} \text{ kg}$$

$$6 \cdot \frac{1}{4} \text{ kg} = \frac{6}{4} \text{ kg} = 1\frac{2}{4} \text{ kg} = 1\frac{1}{2} \text{ kg} \qquad \text{Es sind 6 Pakete!}$$

Sabine kann auch geteilt rechnen:

$$1\frac{1}{2} \text{ kg} : \frac{1}{4} \text{ kg} = \frac{6}{4} \text{ kg} : \frac{1}{4} \text{ kg} = \frac{6}{4} \cdot \frac{4}{1} = 6$$

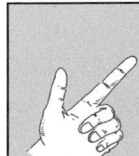

Beim Teilen eines Bruches durch einen Bruch nimmt man den ersten Bruch mit dem **Kehrbruch** des zweiten Bruches mal.

$$\frac{6}{4} : \frac{1}{4} = \frac{6}{4} \cdot \frac{4}{1} = \frac{6}{1} = 6$$

---

❶ Löse die Aufgaben.

a) $\dfrac{3}{4} : \dfrac{1}{2} = \dfrac{3}{4} \cdot \dfrac{\boxed{2}}{\boxed{1}} = \dfrac{\boxed{}}{\boxed{}}$

b) $\dfrac{7}{9} : \dfrac{2}{3} = \dfrac{7}{9} \cdot \dfrac{\boxed{}}{\boxed{}} = \dfrac{\boxed{}}{\boxed{}}$

c) $\dfrac{4}{5} : \dfrac{3}{4} =$

d) $\dfrac{6}{8} : \dfrac{1}{5} =$

e) $\dfrac{10}{11} : \dfrac{2}{6} =$

f) $\dfrac{9}{13} : \dfrac{3}{7} =$

❷ Der Kioskbesitzer Herr Galanis hat $\frac{6}{7}$ kg Süßigkeiten. Er will Tüten zu je $\frac{1}{14}$ kg machen. Wie viele Tüten kann er füllen? Kürze das Ergebnis.

Rechnung: _____

Antwort: _____

❸ Ergänze die folgende Regel:
Den Kehrbruch eines Bruches erhalte ich, indem ich _____

_____

❶ Berechne die Pyramiden. Teile dazu immer den linken Bruch durch den rechten Bruch. Kürze, wenn möglich.

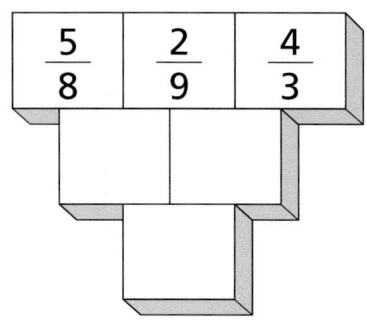

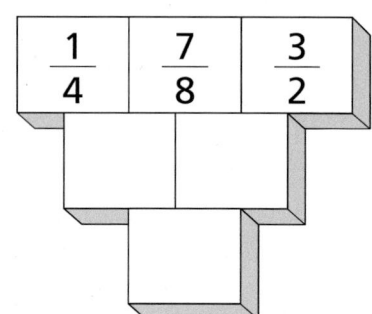

❷ Laura und ihre Oma kochen Marmelade. Sie kochen $\dfrac{16}{10}$ l Himbeer- und $\dfrac{42}{15}$ l Erdbeermarmelade. Die Marmelade soll in $\dfrac{2}{5}$-l-Gläser gefüllt werden.

Frage: _____

Rechnung: _____

Antwort: _____

_____

❸ Berechne.

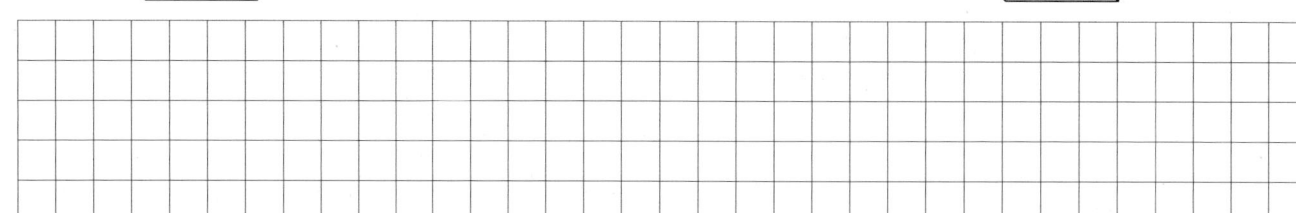

Kürze schon vor dem Ausrechnen.   Beispiel: $\dfrac{9}{11}$ l : $\dfrac{3}{5}$ l = $\dfrac{\cancel{9}^{3}}{11} \cdot \dfrac{5}{\cancel{3}_{1}} = \dfrac{15}{11}$

a) $\dfrac{5}{7}$ cm : $\dfrac{13}{21}$ cm =

b) $\dfrac{22}{25}$ t : $\dfrac{1}{5}$ t =

c) $\dfrac{36}{9}$ kg : $\dfrac{2}{18}$ kg =

d) $\dfrac{1}{4}$ l : $\dfrac{11}{24}$ l =

❹ Vervollständige die Aufgabenkette.

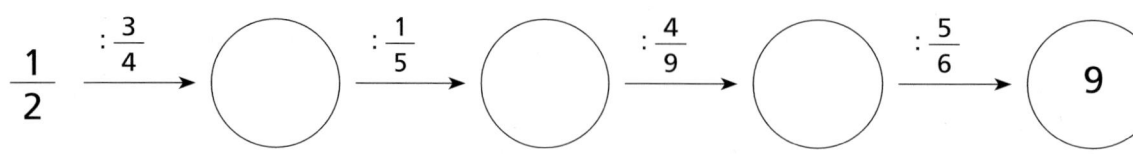

K. Becker/A. Fingerhut: Bruchrechnung in kleinen Schritten – Band 3
© Persen Verlag

Division von Brüchen 2

$$\frac{3}{4} : \frac{1}{2}$$

❶ Setze die fehlenden Zahlen ein.

a) $\dfrac{9}{11} : \dfrac{\boxed{2}}{3} = \dfrac{27}{22}$

b) $\dfrac{4}{3} : \dfrac{7}{\boxed{}} = \dfrac{16}{21}$

c) $\dfrac{6}{5} : \dfrac{\boxed{}}{9} = \dfrac{54}{10}$

d) $\dfrac{\boxed{}}{2} : \dfrac{23}{19} = \dfrac{57}{46}$

e) $\dfrac{8}{\boxed{}} : \dfrac{13}{7} = \dfrac{56}{39}$

f) $\dfrac{37}{12} : \dfrac{\boxed{}}{2} = \dfrac{74}{60}$

g) $\dfrac{5}{2} : \dfrac{\boxed{}}{\boxed{}} = \dfrac{25}{6}$

h) $\dfrac{10}{3} : \dfrac{\boxed{}}{\boxed{}} = \dfrac{80}{33}$

i) $\dfrac{\boxed{}}{\boxed{}} : \dfrac{12}{7} = \dfrac{56}{72}$

❷ Bilde 4 Aufgaben und berechne diese.

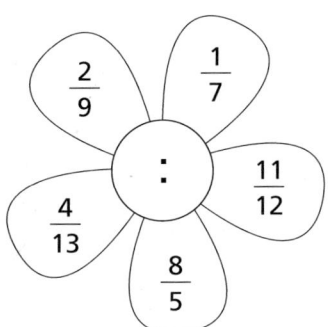
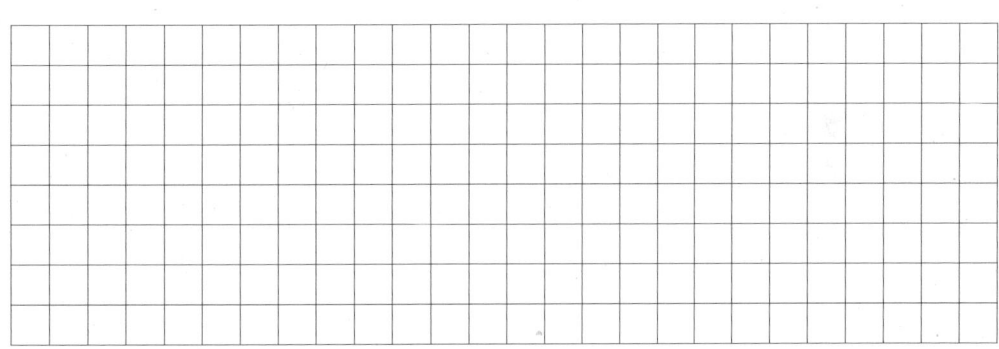

❸ Löse die Aufgaben. Ordne die Ergebnisse nach der Größe. Was fällt dir auf?

$\dfrac{1}{3} : \dfrac{1}{2} =$

$\dfrac{1}{3} : \dfrac{1}{4} =$

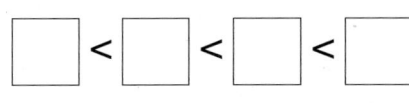
$\boxed{} < \boxed{} < \boxed{} < \boxed{}$

$\dfrac{1}{3} : \dfrac{1}{8} =$

$\dfrac{1}{3} : \dfrac{1}{16} =$

Antwort: _____

❹ Um einen Papierflieger zu basteln, benötigt Christian $\frac{4}{21}$ m² Papier. Wie viele Flieger kann Christian aus $\frac{8}{7}$ m² Papier basteln?

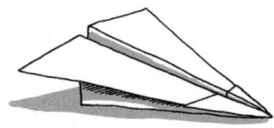

Rechnung: _____

Antwort: _____

 Gemischte Zahlen werden zuerst in Brüche umgewandelt.

Beispiel: $2\dfrac{1}{3} : 1\dfrac{4}{5} = \dfrac{7}{3} : \dfrac{9}{5} = \dfrac{7}{3} \cdot \dfrac{5}{9} = \dfrac{35}{27} = 1\dfrac{8}{27}$

❶ Löse die Aufgaben wie im Beispiel. Schreibe das Ergebnis in gemischter Schreibweise.

a) $3\dfrac{2}{5} : 2\dfrac{1}{3} = \dfrac{17}{5} : \dfrac{7}{3} = \dfrac{17}{5} \cdot \text{——} =$

b) $8\dfrac{7}{9} : 1\dfrac{2}{3} =$

c) $12\dfrac{1}{2} : 3\dfrac{1}{4} =$

❷ a) Judith will einen $2\dfrac{3}{4}$ m langen Schal stricken. Pro Stunde strickt sie $\dfrac{5}{6}$ m. Wie viele Stunden braucht sie, bis der Schal fertig ist?

Rechnung: _____

Antwort: _____

b) Judiths Oma strickt doppelt so schnell. Wie viele Meter strickt sie pro Stunde? Wie lange braucht sie für einen $2\dfrac{3}{4}$ m langen Schal?

Rechnung: _____

_____

Antwort: _____

_____

❸ Vervollständige die Aufgabenkette.

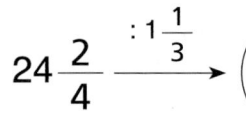 $24\dfrac{2}{4}$ $\xrightarrow{\;:1\dfrac{1}{3}\;}$ 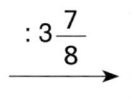 ◯ $\xrightarrow{\;:3\dfrac{7}{8}\;}$ ◯ $\xrightarrow{\;:2\dfrac{4}{8}\;}$ ◯ $\xrightarrow{\;:1\dfrac{2}{5}\;}$ $\left(1\dfrac{11}{31}\right)$

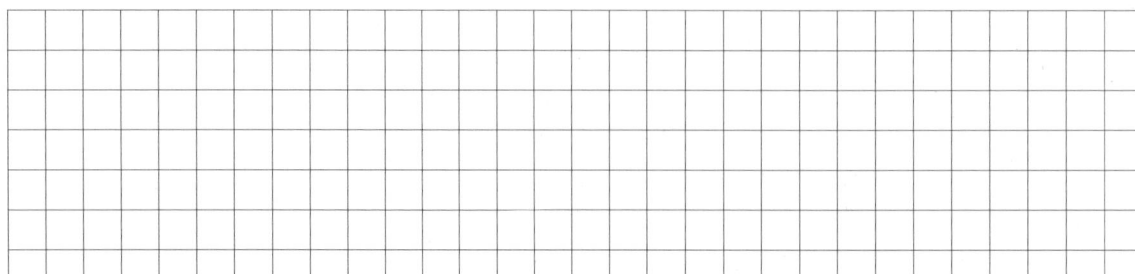

❶ Setze die fehlenden Brüche ein. Teile dazu immer den linken Bruch durch den rechten Bruch. Kürze so früh wie möglich.

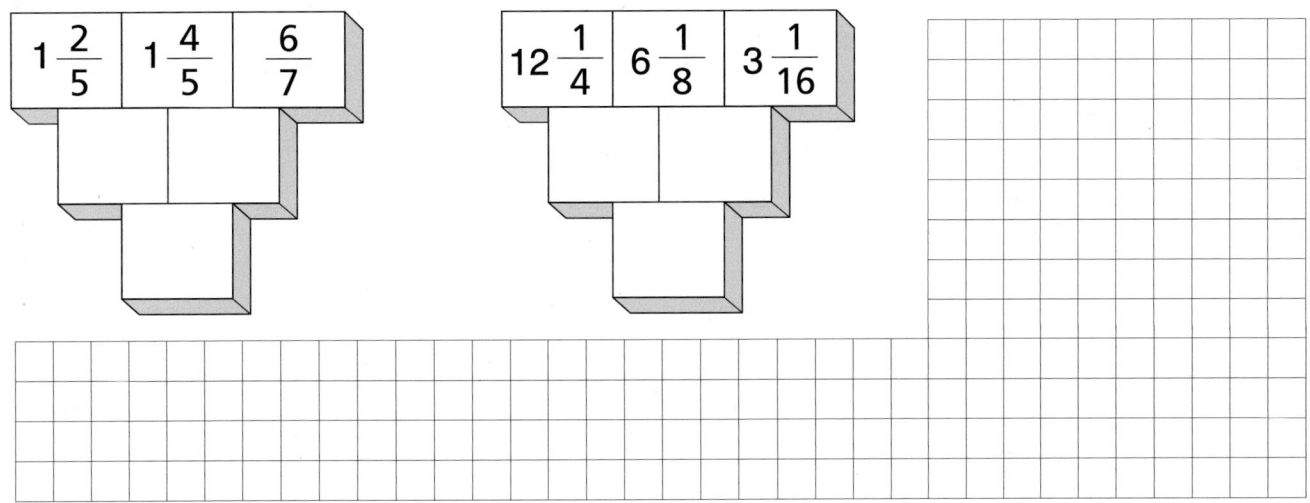

| $1\frac{2}{5}$ | $1\frac{4}{5}$ | $\frac{6}{7}$ |

| $12\frac{1}{4}$ | $6\frac{1}{8}$ | $3\frac{1}{16}$ |

❷ Nina und Marco machen ein Wettrennen. Nina läuft $\frac{1}{5}$ km pro Minute, Marco $\frac{21}{100}$ km. Wie lange braucht jeder für eine Strecke von $\frac{7}{8}$ km? Wer ist schneller?

Rechnung: _____

Antwort: _____

_____

❸ Bilde 4 Aufgaben und berechne diese.

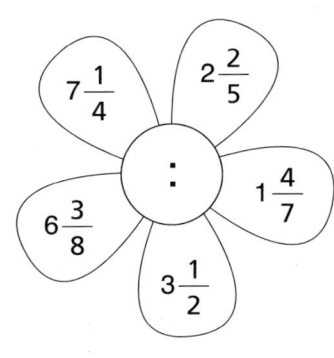

$7\frac{1}{4}$ $2\frac{2}{5}$ $:$ $1\frac{4}{7}$ $3\frac{1}{2}$ $6\frac{3}{8}$

❹ Löse die Aufgaben.

a) $12\frac{2}{3}$ t $: \frac{7}{3}$ t $=$

b) $\frac{9}{4}$ t $: 2\frac{5}{8}$ t $=$

c) $3\frac{6}{9}$ l $: 1\frac{1}{10}$ l $=$

d) $6\frac{3}{4}$ l $: 12\frac{9}{10}$ l $=$

❶ Jeweils 2 Aufgaben haben das gleiche Ergebnis. Verbinde sie.

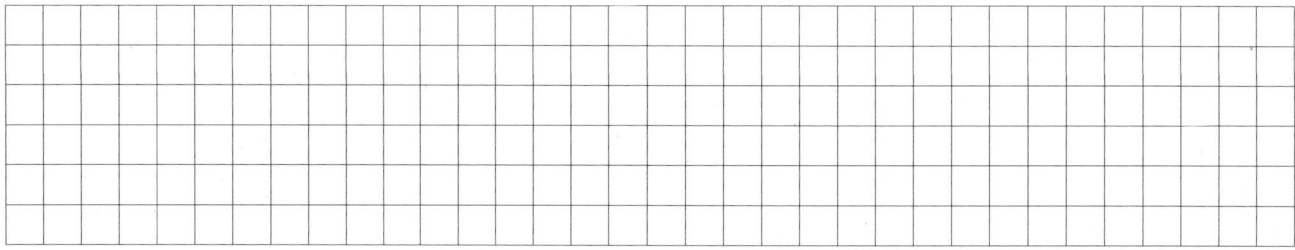

$5\dfrac{3}{4} : 2\dfrac{5}{8}$ $7\dfrac{2}{9} : 4\dfrac{2}{3}$ $20\dfrac{4}{8} : 2\dfrac{7}{16}$

$3\dfrac{5}{6} : 1\dfrac{3}{4}$ $2\dfrac{2}{3} : \dfrac{13}{41}$ $4\dfrac{1}{3} : 2\dfrac{4}{5}$

❷ Löse die Aufgaben.

a) $9\dfrac{8}{10} : \dfrac{4}{5} =$

b) $\dfrac{2}{3} : 4\dfrac{5}{6} =$

c) $17\dfrac{1}{6} : 3\dfrac{4}{6} =$

d) $15\dfrac{1}{2} : 7\dfrac{6}{8} =$

❸ Setze die fehlenden Zahlen ein.

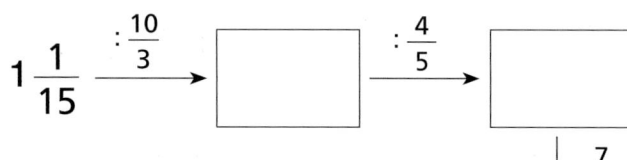
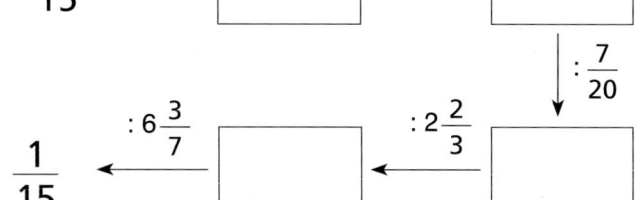

$1\dfrac{1}{15}$ $\xrightarrow{\;:\,\frac{10}{3}\;}$ ☐ $\xrightarrow{\;:\,\frac{4}{5}\;}$ ☐ $\xrightarrow{\;:\,\frac{7}{20}\;}$

$\dfrac{1}{15}$ $\xleftarrow{\;:\,6\frac{3}{7}\;}$ ☐ $\xleftarrow{\;:\,2\frac{2}{3}\;}$ ☐

❹ Berechne die Aufgaben.

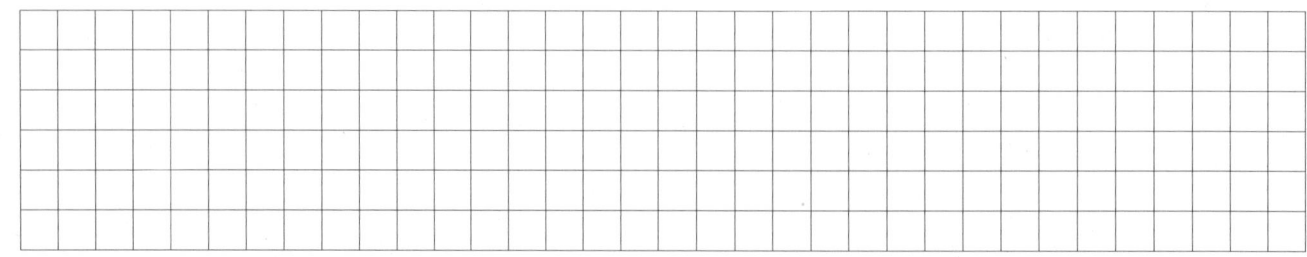

$2\dfrac{4}{9}$ $7\dfrac{5}{12}$ $9\dfrac{3}{4}$: $\dfrac{15}{6}$

K. Becker/A. Fingerhut: Bruchrechnung in kleinen Schritten – Band 3
© Persen Verlag

❶ Schreibe die Rechenaufgabe (Teilen) und berechne.

a) 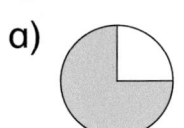 : 2 = 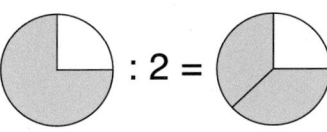 : 2 =

b) 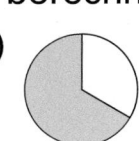 : 2 = 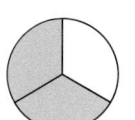 : 2 =

c) Teile $\dfrac{2}{3}$ durch 4.

d) Teile 8 durch ein Halb.

❷ Kreuze die richtige Ergänzung an.
Beim Teilen durch einen Bruch …

☐ … addiere ich den Kehrbruch.

☐ … nehme ich mit dem Kehrbuch mal.

❸ Aus einem 3 m langen Seil sollen Stücke zu je $\dfrac{9}{15}$ m Länge geschnitten werden. Wie viele kurze Seile entstehen?

Rechnung: _____

Antwort: _____

❹ Berechne.

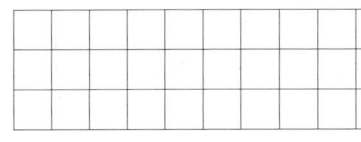 : 6

| $\dfrac{1}{7}$ | $\dfrac{3}{8}$ | $\dfrac{11}{2}$ | : 6 |

| 8 | 21 | 10 | $: \dfrac{2}{7}$ |

❺ Berechne und kürze, wenn möglich.

a) $\dfrac{5}{6} : 10 =$

b) $8 : \dfrac{4}{7} =$

c) $\dfrac{9}{11} : 2 =$

d) $\dfrac{8}{13} : 4 =$

e) $15 : \dfrac{3}{10} =$

f) $22 : \dfrac{11}{3} =$

❶ Wo steckt der Fehler? Korrigiere.

a) $\dfrac{5}{6} : 6 = 5$

b) $7 : \dfrac{2}{3} = \dfrac{2}{21}$

c) $\dfrac{9}{2} : 8 = \dfrac{9}{4}$

d) $18 : \dfrac{2}{7} = 2\dfrac{2}{7}$

e) $\dfrac{4}{11} : 8 = \dfrac{2}{11}$

f) $4 : \dfrac{16}{5} = \dfrac{20}{4}$

❷ Berechne die fehlenden Felder. Teile jeweils die linke durch die rechte Zahl.

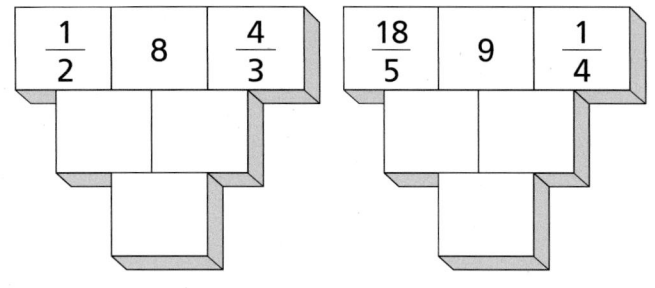

❸ Zum Fällen von $\dfrac{2}{7}$ km² Wald benötigt man $1\dfrac{1}{2}$ Stunden. Wie viel Wald wird in einer Stunde gefällt?

Rechnung: _____

Antwort: _____

❹ Berechne.

a) $\dfrac{2}{7}$ km $: 1\dfrac{1}{2}$ km $=$

b) $2\dfrac{4}{5}$ l $: 6\dfrac{3}{10}$ l $=$

c) $20\dfrac{2}{3}$ t $: \dfrac{31}{4}$ t $=$

❺ Berechne die Aufgabenkette.

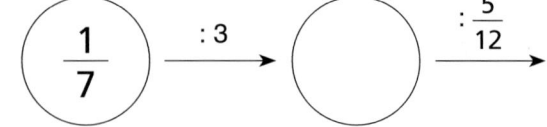
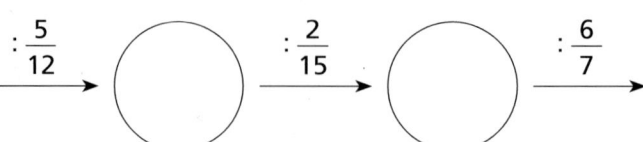

K. Becker/A. Fingerhut: Bruchrechnung in kleinen Schritten – Band 3
© Persen Verlag

❶ Tina will Plätzchen backen. Sie hat noch $1\frac{1}{2}$ kg Mehl, $\frac{2}{3}$ kg Zucker, 1 kg Mandeln und $\frac{6}{7}$ kg Butter. Wie oft kann sie das Rezept höchstens machen?

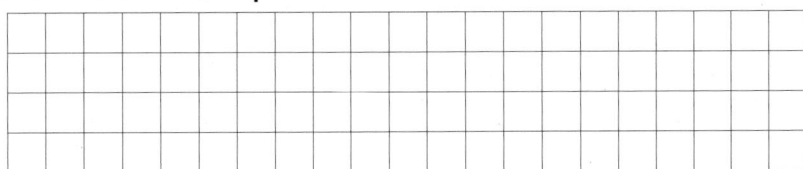

Rezept
$\frac{1}{2}$ kg Mehl
$\frac{1}{8}$ kg Zucker
$\frac{2}{7}$ kg Mandeln
$\frac{1}{6}$ kg Butter

Rechnung:

Antwort: _____

❷ Bilde 4 Aufgaben und berechne diese.

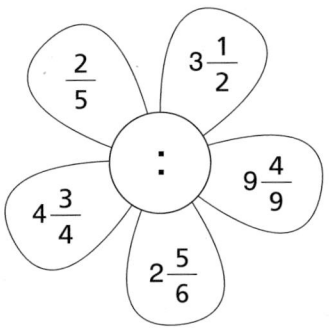

❸ Setze die fehlenden Zahlen ein.

a) $\dfrac{7}{4} : \dfrac{\boxed{}}{2} = \dfrac{14}{12}$

b) $1\dfrac{2}{3} : \dfrac{10}{\boxed{}} = \dfrac{45}{30}$

c) $2\dfrac{4}{\boxed{}} : 1\dfrac{3}{7} = \dfrac{98}{50}$

d) $\dfrac{3}{2} : \dfrac{\boxed{}}{\boxed{}} = \dfrac{21}{8}$

e) $\dfrac{\boxed{}}{\boxed{}} : 2\dfrac{1}{2} = \dfrac{22}{45}$

f) $\dfrac{\boxed{}}{7} : \dfrac{\boxed{}}{12} = \dfrac{36}{63}$

❹ Berechne.

a) $\dfrac{3}{4} : \dfrac{1}{6} : \dfrac{1}{2} =$

b) $\dfrac{1}{3} : \dfrac{4}{8} : \dfrac{5}{3} =$

c) $\dfrac{6}{5} : \dfrac{7}{4} : \dfrac{3}{8} =$

❺ Berechne.

$3\dfrac{1}{7}$ km $\dfrac{5}{14}$	:	$4\dfrac{1}{7}$ $\dfrac{11}{8}$

❶ Berechne.

a) $\dfrac{4}{5} \cdot 5 =$

  $7 \cdot \dfrac{2}{4} =$

  $2 : \dfrac{3}{5} =$

b) $5 : \dfrac{2}{8} =$

  $6 \cdot \dfrac{11}{20} =$

  $\dfrac{1}{4} : 3 =$

c) $10 \cdot \dfrac{6}{7} =$

  $\dfrac{3}{8} : 6 =$

  $\dfrac{4}{7} \cdot 9 =$

❷ Setze die Begriffe richtig ein: Kehrbruch, Zähler, Zähler, Nenner, Nenner.

Beim Malnehmen eines Bruches mit einer ganzen Zahl nimmt man den

_____ mit der Zahl mal. Der _____ bleibt gleich.

Beim Teilen eines Bruchs durch eine ganze Zahl nimmt man den

_____ mit der Zahl mal. Der _____ bleibt gleich.

Beim Teilen einer ganzen Zahl durch einen Bruch nimmt man die ganze Zahl

mit dem _____ mal.

❸ Löse die Aufgaben. Kürze schon vor dem Ausrechnen.

a) $\dfrac{4}{9} \cdot 3 =$

  $1\dfrac{1}{4} \cdot 9 =$

  $9 : 2\dfrac{1}{4} =$

  $5\dfrac{5}{6} : 7 =$

b) $6 \cdot 5\dfrac{1}{4} =$

  $3\dfrac{1}{2} : 6 =$

  $8 \cdot 2\dfrac{3}{4} =$

  $11 : 4\dfrac{1}{2} =$

c) $\dfrac{8}{12} \cdot 9 =$

  $3\dfrac{3}{5} : 3 =$

  $1\dfrac{2}{49} \cdot 7 =$

  $7 : 2\dfrac{4}{5} =$

❹ Bauer Schmidt will die Kartoffeln von einem 5 Hektar großen Feld ernten. Wie viele Stunden braucht er für die gesamte Kartoffelernte?

a) Pro Hektar braucht er $\frac{7}{6}$ Stunden.

Rechnung: _____

Antwort: _____

b) Mit seiner neuen Maschine braucht Bauer Schmidt für $\frac{6}{5}$ Hektar nur 1 Stunde.

Rechnung: _____

Antwort: _____

K. Becker/A. Fingerhut: Bruchrechnung in kleinen Schritten – Band 3
© Persen Verlag

❶ Setze die fehlenden Zahlen ein.

a) $\dfrac{7}{8} \cdot \boxed{} = \dfrac{21}{8}$

$\dfrac{1}{3} : 4 = \dfrac{1}{\boxed{}}$

$3 \cdot \dfrac{\boxed{}}{5} = \dfrac{24}{5}$

$\boxed{} : \dfrac{2}{4} = \dfrac{28}{2}$

b) $4 \cdot \dfrac{\boxed{}}{10} = \dfrac{4}{10}$

$10 : \dfrac{\boxed{}}{3} = \dfrac{30}{5}$

$\dfrac{9}{5} : \boxed{} = \dfrac{9}{15}$

$\dfrac{3}{\boxed{}} \cdot 3 = \dfrac{9}{7}$

c) $\dfrac{7}{\boxed{}} : 3 = \dfrac{7}{12}$

$9 \cdot \dfrac{\boxed{}}{3} = \dfrac{45}{3}$

$\dfrac{11}{15} \cdot \boxed{} = \dfrac{88}{15}$

$8 : \dfrac{\boxed{}}{6} = \dfrac{48}{11}$

❷ Herr Wassmuth besitzt eine 100 m² große Lagerhalle. Auf $\dfrac{4}{6}$ dieser Fläche lagert er seine Ware. $\dfrac{1}{8}$ der Lagerhalle benötigt er zum Be- und Entladen. Wie viel m² benötigt Herr Wassmuth für die Lagerung? Wie viel m² benötigt er zum Be- und Entladen?

Rechnung: _____

Antwort: _____

❸ Berechne die freien Felder. Kürze, wenn möglich.

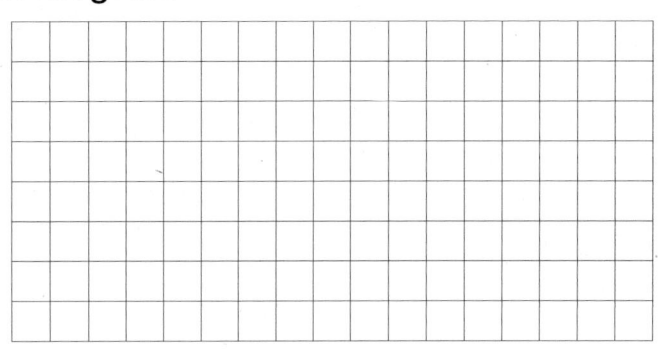

$\dfrac{3}{8}$ $\xrightarrow{\cdot 2}$ $\boxed{}$ $\xrightarrow{\cdot 7}$ $\boxed{}$

$\downarrow \cdot 2$

$1\dfrac{3}{4}$ $\xleftarrow{: 2}$ $\boxed{}$ $\xleftarrow{: 3}$ $\boxed{}$

❹ Familie Jagdal isst $1\dfrac{3}{4}$ Brote in 2 Tagen. Wie viel Brot isst die Familie an einem Tag?

Rechnung: _____

Antwort: _____

Die Familie besteht aus 3 Personen. Wie viel Brot isst jedes Mitglied pro Tag?

Rechnung: _____

Antwort: _____

❶ In einem Kasten sind 12 Flaschen. Jede Flasche enthält $1\frac{1}{8}$ l Saft.

Frage: _____

Rechnung: _____

Antwort: _____

Der gesamte Saft wird auf 20 Kinder aufgeteilt. Wie viel Saft bekommt jedes Kind?

Rechnung: _____

Antwort: _____

❷ Berechne.

a) Drei Viertel von 7 = _____

b) Sieben Zwölftel geteilt durch 4 = _____

c) Acht zwei Drittel von 10 = _____

d) 5 geteilt durch drei ein Halb = _____

❸ Berechne die Schlangen.

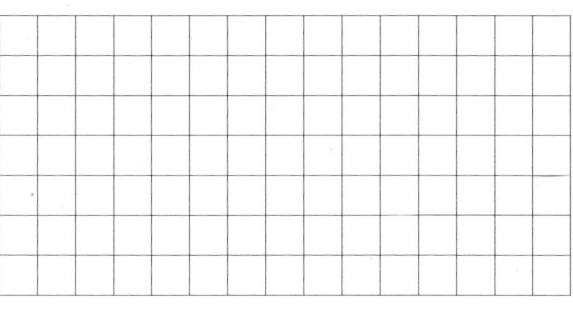

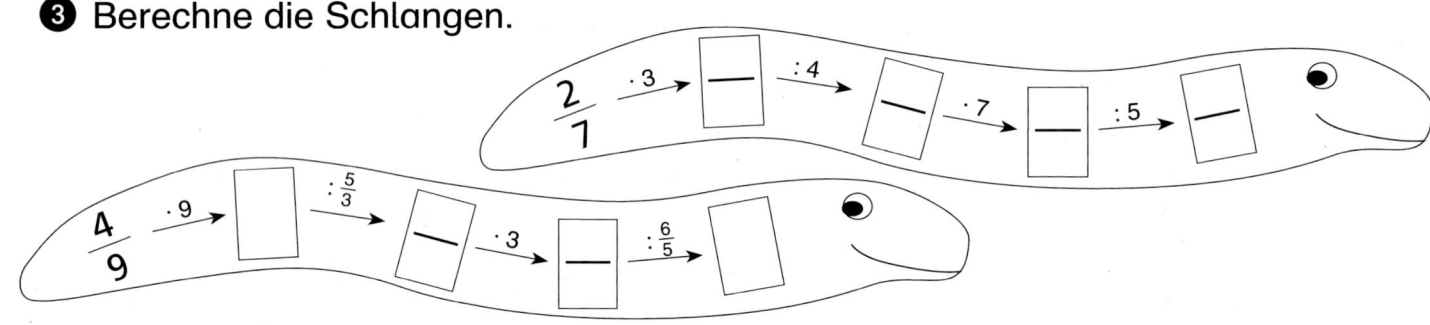

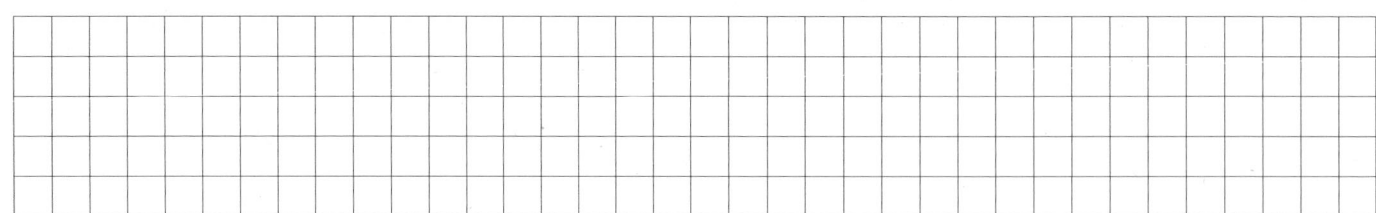

❹ Wo steckt der Fehler? Korrigiere.

a) $\dfrac{4}{5} \cdot 3 = \dfrac{12}{15}$

b) $\dfrac{5}{8} \cdot 7 = \dfrac{5}{56}$

c) $\dfrac{10}{3} : 2 = \dfrac{20}{3}$

d) $\dfrac{7}{9} : 2 = \dfrac{14}{18}$

K. Becker/A. Fingerhut: Bruchrechnung in kleinen Schritten – Band 3
© Persen Verlag

Vermischte Übungen: Bruch und Bruch 1

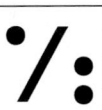

❶ Berechne und kürze, wenn möglich.

a) $\dfrac{1}{4} \cdot \dfrac{1}{3} =$

$1\dfrac{2}{3} \cdot \dfrac{5}{9} =$

$\dfrac{3}{5} : \dfrac{2}{7} =$

b) $\dfrac{4}{7} : \dfrac{3}{11} =$

$\dfrac{3}{10} : \dfrac{1}{5} =$

$\dfrac{4}{9} \cdot \dfrac{18}{36} =$

c) $\dfrac{5}{6} \cdot \dfrac{6}{7} =$

$\dfrac{13}{2} : \dfrac{11}{2} =$

$\dfrac{9}{5} \cdot 2\dfrac{1}{3} =$

❷ Schreibe als Mal-Aufgabe und berechne das Ergebnis.

a) $\dfrac{3}{4}$ von $\dfrac{1}{3}$ l $=$ [   ] $\cdot$ [   ] $=$ ——— l $=$

b) $\dfrac{4}{5}$ von $\dfrac{3}{4}$ kg $=$ [   ] $=$ ——— kg $=$

c) $\dfrac{6}{11}$ von $\dfrac{22}{24}$ ha $=$ [   ] $=$ ——— ha $=$

d) $\dfrac{7}{9}$ von $\dfrac{12}{14}$ dm $=$ [   ] $=$ ——— dm $=$

❸ Berechne die fehlenden Felder der Tabelle.

a)

$\cdot$	$\dfrac{1}{3}$	$\dfrac{3}{5}$	$\dfrac{4}{9}$
$1\dfrac{1}{2}$			
$\dfrac{2}{7}$			
$\dfrac{1}{8}$			

b)

$:$	$\dfrac{1}{3}$	$\dfrac{2}{9}$	$\dfrac{7}{6}$
$\dfrac{4}{11}$			
$2\dfrac{1}{3}$			
$\dfrac{3}{10}$			

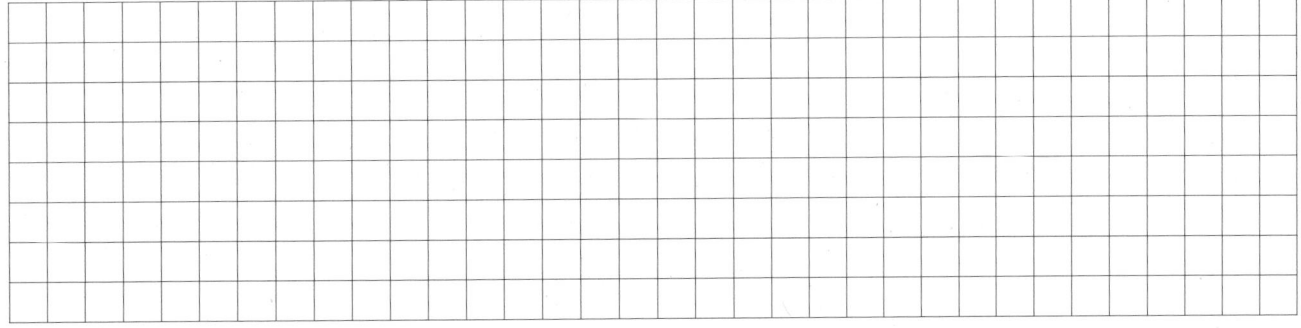

❹ Wo steckt der Fehler? Korrigiere.

a) $\dfrac{7}{3} : 1\dfrac{1}{2} = \dfrac{21}{6}$

b) $\dfrac{9}{4} : \dfrac{5}{6} = \dfrac{20}{54}$

c) $2\dfrac{4}{9} : 1\dfrac{2}{3} = 2\dfrac{2}{3}$

d) $7\dfrac{2}{4} : \dfrac{7}{6} = \dfrac{54}{28}$

❶ Ein Eisverkäufer hat noch $\frac{6}{7}$ kg Eis übrig. $\frac{4}{5}$ kg davon sind Schokoladeneis. Welchen Bruchteil macht das Schokoladeneis an dem ganzen Resteis aus?

Rechnung: _____

Antwort: _____

❷ Berechne und kürze, wenn möglich.

a) $\frac{9}{5}\, l : \frac{3}{7}\, l =$

$\frac{11}{12}\, kg : \frac{22}{24}\, kg =$

$\frac{27}{15}\, m : \frac{9}{25}\, m =$

b) $\frac{11}{15} \cdot \frac{45}{66} =$

$\frac{17}{4} : \frac{1}{2} =$

$\frac{7}{8} \cdot \frac{64}{49} =$

c) $\frac{13}{56}\, t : \frac{26}{8}\, t =$

$\frac{14}{7} \cdot \frac{42}{28} =$

$\frac{72}{35} \cdot \frac{70}{48} =$

❸ Tina und ihre Tante kochen Pudding. Sie kochen $\frac{1}{6}$ l Vanillepudding und $\frac{1}{3}$ l Zitronenpudding. Der gesamte Pudding soll dann auf $\frac{1}{8}$-l-Glasteller umgefüllt werden.

Wie viele Glasteller füllen Tina und ihre Tante?

Rechnung: $\frac{1}{6}\, l : \frac{1}{8}\, l = \frac{8}{6} = \frac{4}{3} = 1\frac{1}{3}$; $\frac{1}{3}\, l : \frac{1}{8}\, l = \frac{8}{3} = 2\frac{2}{3}$

Antwort: _____

_____

❹ Bilde aus jeder Blume 3 Aufgaben und berechne diese.

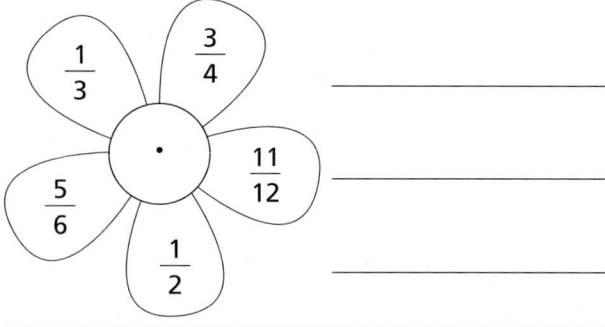

_____

_____

_____

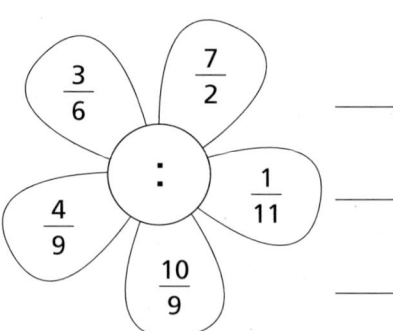

_____

_____

_____

K. Becker/A. Fingerhut: Bruchrechnung in kleinen Schritten – Band 3
© Persen Verlag

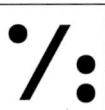
❶ Setze die fehlenden Zahlen ein.

a) $5 \cdot \dfrac{\boxed{}}{10} = \dfrac{35}{10}$

b) $\dfrac{20}{9} : \dfrac{\boxed{}}{\boxed{}} = \dfrac{20}{27}$

c) $\dfrac{7}{10} : \dfrac{\boxed{}}{\boxed{}} = \dfrac{56}{100}$

$\dfrac{3}{4} \cdot \dfrac{\boxed{}}{\boxed{}} = \dfrac{9}{36}$

$\dfrac{\boxed{}}{8} : \dfrac{4}{15} = \dfrac{45}{32}$

$\dfrac{\boxed{}}{\boxed{}} \cdot \dfrac{1}{7} = \dfrac{12}{63}$

$\dfrac{4}{10} : \dfrac{2}{\boxed{}} = \dfrac{12}{20}$

$\dfrac{7}{11} \cdot \dfrac{\boxed{}}{\boxed{}} = \dfrac{35}{66}$

$\dfrac{4}{5} \cdot \dfrac{\boxed{}}{\boxed{}} = \dfrac{16}{95}$

❷ Löse die Aufgaben und ordne die Ergebnisse der Größe nach.

$\dfrac{1}{3} : \dfrac{1}{8} =$

$1\dfrac{2}{5} \cdot \dfrac{5}{3} =$

$2\dfrac{1}{5} \cdot \dfrac{5}{2} =$

$\dfrac{2}{3} : \dfrac{3}{4} =$

$\dfrac{1}{3} : \dfrac{1}{4} =$

$\dfrac{3}{6} \cdot \dfrac{1}{2} =$

$\boxed{} < \boxed{} < \boxed{} < \boxed{} < \boxed{} < \boxed{}$

❸ Anke will einen Bettvorleger stricken, der $2\frac{1}{4}$ m lang werden soll. An einem Tag strickt sie $\frac{1}{8}$ m. Wie viele Tage braucht sie, bis der Bettvorleger fertig ist?

Rechnung: _____

Antwort: _____

❹ Kreuze das richtige Ergebnis an. Es können auch mehrere Möglichkeiten richtig sein.

a) $\dfrac{5}{7} \cdot \dfrac{7}{9} =$

☐ $\dfrac{35}{7}$

☐ $\dfrac{35}{63}$

☐ $\dfrac{5}{9}$

b) $4\dfrac{1}{3} : 2\dfrac{4}{5} =$

☐ $\dfrac{65}{42}$

☐ $\dfrac{3}{7}$

☐ $1\dfrac{23}{42}$

c) $1\dfrac{2}{5} \cdot \dfrac{13}{11} =$

☐ $\dfrac{90}{55}$

☐ $\dfrac{91}{55}$

☐ $1\dfrac{3}{4}$

d) $2\dfrac{2}{5} : \dfrac{10}{3} =$

☐ $2\dfrac{5}{6}$

☐ $\dfrac{37}{50}$

☐ $\dfrac{18}{25}$

❶ Schreibe als Mal-Aufgabe und berechne.

a)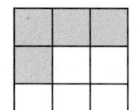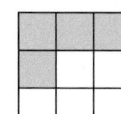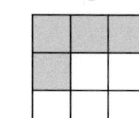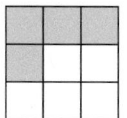

b)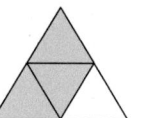

_____

c) $\dfrac{5}{7} + \dfrac{5}{7} + \dfrac{5}{7} + \dfrac{5}{7}$

d) $\dfrac{2}{9} + \dfrac{2}{9} + \dfrac{2}{9}$

_____

❷ Berechne.

a)
$3 \cdot \dfrac{3}{5} =$

$4 \cdot \dfrac{1}{7} =$

$\dfrac{2}{8} \cdot 6 =$

$\dfrac{5}{9} \cdot 4 =$

$5 \cdot \dfrac{8}{9} =$

b)
$6 \cdot \dfrac{2}{5} =$

$\dfrac{2}{9} \cdot 8 =$

$7 \cdot \dfrac{1}{4} =$

$\dfrac{1}{3} \cdot \dfrac{4}{7} =$

$\dfrac{3}{8} \cdot \dfrac{5}{7} =$

c)
$\dfrac{2}{5} \cdot \dfrac{3}{4} =$

$\dfrac{7}{9} \cdot \dfrac{7}{9} =$

$\dfrac{10}{15} \cdot \dfrac{4}{2} =$

$\dfrac{11}{13} \cdot \dfrac{3}{2} =$

$\dfrac{14}{10} \cdot \dfrac{2}{5} =$

❸ Für einen Pudding braucht Frau Kleine $\dfrac{3}{4}$ l Milch. Sie möchte für Susis Geburtstag 5 Puddings kochen.
Wie viel Liter Milch braucht sie für alle Puddings zusammen?

Rechnung: _____

Antwort: _____

❹ Berechne. Kürze vor dem Ausrechnen.

a)
$\dfrac{4}{16} \cdot 8 =$

$\dfrac{14}{8} \cdot \dfrac{2}{7} =$

b)
$\dfrac{7}{12} \cdot \dfrac{16}{9} =$

$\dfrac{6}{15} \cdot 21 =$

c)
$\dfrac{2}{30} \cdot \dfrac{3}{7} =$

$8 \cdot \dfrac{12}{4} =$

K. Becker/A. Fingerhut: Bruchrechnung in kleinen Schritten – Band 3
© Persen Verlag

➎ Setze die fehlenden Zahlen ein.

a) $5 \cdot \dfrac{\boxed{}}{7} = \dfrac{10}{7}$

$\dfrac{7}{20} \cdot \boxed{} = \dfrac{49}{20}$

$6 \cdot \dfrac{\boxed{}}{5} = \dfrac{48}{5}$

b) $\dfrac{2}{3} \cdot \dfrac{\boxed{}}{\boxed{}} = \dfrac{6}{15}$

$\dfrac{3}{5} \cdot \dfrac{\boxed{}}{\boxed{}} = \dfrac{9}{55}$

$\dfrac{\boxed{}}{\boxed{}} \cdot \dfrac{7}{9} = \dfrac{42}{54}$

c) $\dfrac{\boxed{}}{\boxed{}} \cdot \dfrac{6}{11} = \dfrac{48}{33}$

$\dfrac{7}{9} \cdot \dfrac{2}{\boxed{}} = \dfrac{14}{108}$

$\dfrac{13}{10} \cdot \dfrac{\boxed{}}{\boxed{}} = \dfrac{169}{140}$

➏ Herr Becher besitzt eine $\frac{3}{7}$ km² große Lagerhalle.
Auf $\frac{4}{5}$ von dieser Fläche lagert er seine Ware.
$\frac{1}{7}$ der Lagerhalle benötigt er zum Be- und Entladen.
Wie viel km² benötigt er für die Lagerung seiner Ware?
Wie viel km² benötigt er zum Be- und Entladen?

Rechnung: _____

Antwort: _____

➐ Berechne. Kürze vor dem Ausrechnen.

a) $3\dfrac{1}{4} \cdot \dfrac{2}{3} =$

$\dfrac{5}{7} \cdot \dfrac{8}{10} =$

$\dfrac{11}{9} \cdot \dfrac{27}{11} =$

b) $\dfrac{10}{9} \cdot \dfrac{6}{15} =$

$3\dfrac{2}{5} \cdot 5 =$

$1\dfrac{2}{5} \cdot 5 =$

c) $\dfrac{6}{7} \cdot \dfrac{7}{12} =$

$2\dfrac{3}{4} \cdot 2 =$

$3\dfrac{1}{3} \cdot 11 =$

➑ Berechne.

a)

$\dfrac{4}{5}$	$\dfrac{2}{3}$		$\dfrac{1}{8}$	$2\dfrac{1}{4}$

·

b)

$\dfrac{4}{8}$	$1\dfrac{3}{4}$		$\dfrac{3}{7}$	$\dfrac{7}{9}$

·

❶ Schreibe als Rechenaufgabe (Teilen) und berechne.

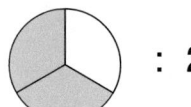 : 2   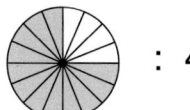 : 4   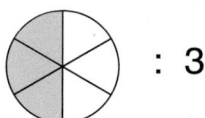 : 3

_____   _____   _____

❷ Nenne den Kehrbruch.

a) $\dfrac{3}{5} \longrightarrow \boxed{}$ b) $\dfrac{7}{5} \longrightarrow \boxed{}$ c) $\dfrac{12}{8} \longrightarrow \boxed{}$

❸ Berechne. Kürze, wenn möglich.

a) $\dfrac{5}{6} : 6 =$ b) $\dfrac{2}{3} : \dfrac{1}{3} =$ c) $1\dfrac{2}{4} : 3 =$

$\dfrac{7}{3} : 9 =$ $\dfrac{11}{6} : \dfrac{8}{3} =$ $10 : 2\dfrac{1}{2} =$

$8 : \dfrac{4}{5} =$ $\dfrac{20}{7} : \dfrac{5}{2} =$ $2\dfrac{7}{10} : \dfrac{9}{13} =$

$\dfrac{6}{11} : 3 =$ $\dfrac{9}{15} : \dfrac{4}{5} =$ $8\dfrac{5}{8} : \dfrac{9}{7} =$

$10 : \dfrac{5}{2} =$ $\dfrac{14}{9} : \dfrac{21}{81} =$ $4\dfrac{1}{3} : 1\dfrac{1}{5} =$

❹ Löse die Aufgaben.
Schreibe das Ergebnis als gemischte Zahl und kürze, wenn möglich.

a) $2\dfrac{1}{4}\,t : \dfrac{3}{8}\,t =$ b) $5\dfrac{2}{3}\,kg : 1\dfrac{4}{9}\,kg =$

$\dfrac{15}{6}\,min : 21\,min =$ $17\,l : 2\dfrac{4}{15}\,l =$

$1\dfrac{1}{10}\,kg : 1\dfrac{3}{8}\,kg =$ $14\dfrac{2}{3}\,t : 11\,t =$

❺ Max und Anna teilen sich $\frac{6}{7}$ Pizza. Wie viel bekommt jeder?

Rechnung: _____

Antwort: _____

❻ Setze die fehlenden Zahlen ein.

a) $\frac{3}{2} : \boxed{} = \frac{3}{8}$

$\dfrac{4}{\boxed{}} : \dfrac{3}{8} = \dfrac{32}{45}$

$7 : \dfrac{5}{\boxed{}} = \dfrac{21}{5}$

b) $\dfrac{12}{5} : \dfrac{\boxed{}}{4} = \dfrac{48}{35}$

$\dfrac{6}{11} : \dfrac{\boxed{}}{\boxed{}} = \dfrac{24}{55}$

$\boxed{} : \dfrac{3}{8} = \dfrac{96}{3}$

❼ Wo steckt der Fehler? Korrigiere.

a) $\dfrac{5}{7} : 3 = \dfrac{5}{15}$

$\dfrac{6}{11} : 4 = \dfrac{24}{11}$

$\dfrac{4}{3} : \dfrac{5}{8} = \dfrac{20}{24}$

b) $5 : 2\dfrac{1}{3} = \dfrac{12}{3}$

$\dfrac{8}{9} : \dfrac{18}{16} = \dfrac{1}{4}$

$\dfrac{7}{12} : \dfrac{3}{7} = \dfrac{49}{35}$

❽ Luisa füllt $7\frac{1}{7}$ kg Kirschen in Schalen mit je $\frac{25}{28}$ kg. Wie viele Schalen kann sie füllen?

Rechnung: _____

Antwort: _____

❾ Berechne.

$2\frac{1}{2}$	$\frac{4}{7}$	:	$\frac{1}{9}$	$3\frac{2}{3}$

❶ Berechne. Kürze, wenn möglich.

a) $\dfrac{4}{3} : 8 =$

b) $\dfrac{4}{7} \cdot \dfrac{7}{12} =$

c) $\dfrac{11}{12} \cdot \dfrac{24}{55} =$

$\dfrac{7}{8} \cdot \dfrac{1}{14} =$

$8\dfrac{2}{11} : 6 =$

$7 : \dfrac{14}{9} =$

$6 \cdot \dfrac{11}{3}$

$\dfrac{12}{35} \cdot \dfrac{14}{18} =$

$\dfrac{5}{9} : 1\dfrac{2}{3} =$

❷ Berechne.

a) Wieviel sind $\dfrac{2}{7}$ von $1\dfrac{3}{4}$ l?

Antwort: _____

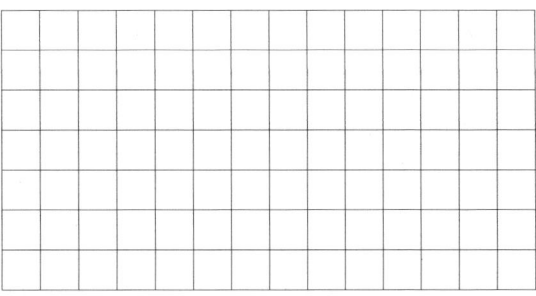

b) Wieviel sind $\dfrac{2}{3}$ von $3\dfrac{4}{10}$ kg?

Antwort: _____

❸ Anne feiert ihren Geburtstag mit vielen Freunden.
Es gibt eine leckere Bowle. Damit diese für alle Gäste
reicht, hat Anne alle Zutaten des Rezepts verfünffacht.

Rezept Bowle
$\dfrac{1}{4}$ l Zitronensaft
$\dfrac{5}{8}$ kg Zucker
250 ml Sahne
$\dfrac{3}{4}$ l Orangensaft
$\dfrac{1}{2}$ l Pfirsichsaft

a) Wie viel Liter Zitronensaft benötigt Anne?

Rechnung: _____

Antwort: _____

b) Wie viel Kilogramm Zucker benötigt Anne?

Rechnung: _____

Antwort: _____

c) Wie viel Milliliter Sahne benötigt Anne?

Rechnung: _____

Antwort: _____

d) Wie viel Liter Orangensaft benötigt Anne?

Rechnung: _____

Antwort: _____

e) Wie viel Liter Pfirsichsaft benötigt Anne?

Rechnung: _____

Antwort: _____

K. Becker/A. Fingerhut: Bruchrechnung in kleinen Schritten – Band 3
© Persen Verlag

❹ Herr Naumann hat seinen $27\frac{1}{3}$ m² großen Garten in 4 Stunden gejätet. Wie viele m² hat er pro Stunde geschafft?

Rechnung: _____

Antwort: _____

❺ Löse die Aufgaben. Schreibe das Ergebnis als gemischte Zahl und kürze, wenn möglich.

a) $5\frac{3}{4}$ t : 3 t =

8 min : $\frac{12}{20}$ min =

$7\frac{1}{2}$ kg : 6 =

$22\frac{3}{4}$ l : $\frac{7}{8}$ =

b) $\frac{17}{3}$ l : $\frac{5}{6}$ l =

$6\frac{2}{9}$ t : $1\frac{4}{8}$ t =

$15\frac{2}{3}$ min : $\frac{8}{9}$ =

$9\frac{3}{7}$ t : $1\frac{1}{10}$ =

❻ Irina und Thomas basteln Fensterbilder. Sie haben ein $1\frac{5}{6}$ m² großes Stück Papier und brauchen pro Fensterbild $\frac{1}{12}$ m² Papier. Wie viele Fensterbilder können sie basteln?

Rechnung: _____

Antwort: _____

❼ Mach zuerst einen Überschlag mit natürlichen Zahlen. Berechne dann das genaue Ergebnis.

Genaue Rechnung:

a) $3\frac{1}{3} \cdot 1\frac{1}{4}$ = _____

Ü: _____

b) $2\frac{1}{5} \cdot 1\frac{1}{6}$ = _____

Ü: _____

c) $3\frac{1}{2} \cdot 2\frac{3}{4}$ = _____

Ü: _____

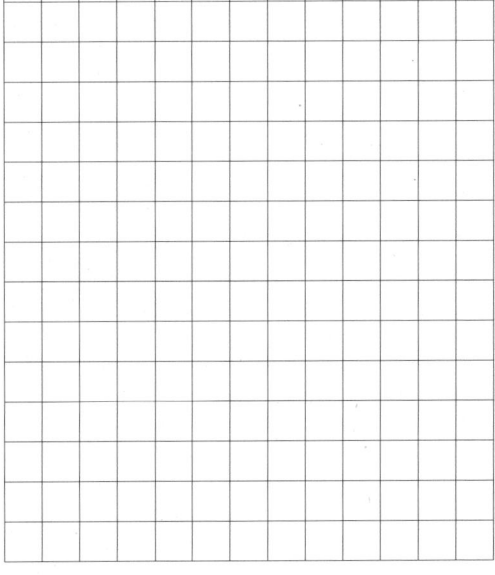

Lösungen

---

1 Bruchschreibweise notieren und zeichnen $\frac{3}{4} \lessgtr \pm$

> Die Zahl **unter** dem Bruchstrich nennt man **Nenner**.
> Der Nenner gibt an, in wie viele Teile das Ganze geteilt wird.
> Die Zahl **über** dem Bruchstrich heißt **Zähler**.
> Der Zähler gibt an, wie viele Teile des Ganzen gemeint sind.
>
> Beispiel:
>
> $\frac{1}{4}$ $\frac{3}{8}$

❶ Gib die Bruchzahlen an.

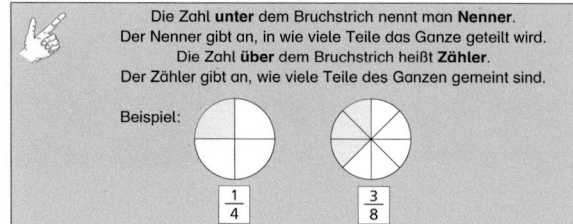

a) $\frac{1}{4}$ b) $\frac{1}{3}$ c) $\frac{5}{6}$ d) $\frac{4}{8}$

e) $\frac{3}{8}$ f) $\frac{4}{7}$ g) $\frac{3}{3}$ h) $\frac{5}{8}$

❷ Färbe die angegebenen Bruchteile.

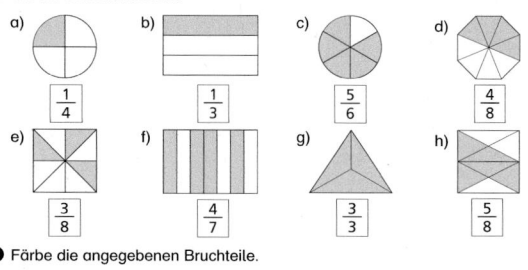

a) $\frac{1}{4}$ b) $\frac{3}{4}$ c) $\frac{7}{8}$ d) $\frac{11}{16}$

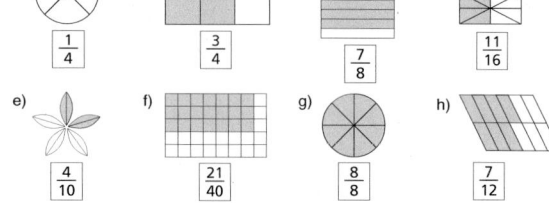

e) $\frac{4}{10}$ f) $\frac{21}{40}$ g) $\frac{8}{8}$ h) $\frac{7}{12}$

2 Gemischte Schreibweise $\frac{3}{4} \lessgtr \pm$

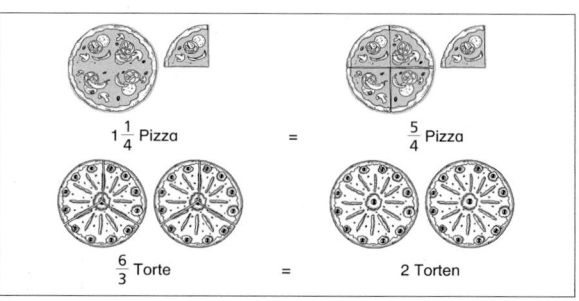

$1\frac{1}{4}$ Pizza $=$ $\frac{5}{4}$ Pizza

$\frac{6}{3}$ Torte $=$ 2 Torten

❶ Wie heißen die abgebildeten Bruchteile?
Schreibe als Bruch und in gemischter Schreibweise.

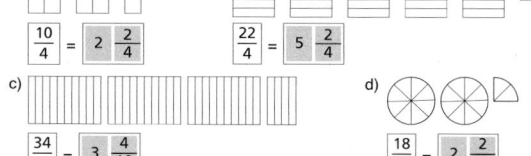

a) $\frac{10}{4} = 2\frac{2}{4}$ b) $\frac{22}{4} = 5\frac{2}{4}$

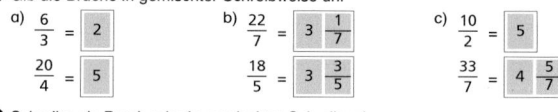

c) $\frac{34}{10} = 3\frac{4}{10}$ d) $\frac{18}{8} = 2\frac{2}{8}$

❷ Gib die Brüche in gemischter Schreibweise an.

a) $\frac{6}{3} = 2$ b) $\frac{22}{7} = 3\frac{1}{7}$ c) $\frac{10}{2} = 5$

$\frac{20}{4} = 5$ $\frac{18}{5} = 3\frac{3}{5}$ $\frac{33}{7} = 4\frac{5}{7}$

❸ Schreibe als Bruch oder in gemischter Schreibweise.

a) $6\frac{1}{2} = \frac{13}{2}$ b) $\frac{13}{5} = 2\frac{3}{5}$ c) $\frac{39}{3} = 13$ d) $9\frac{1}{4} = \frac{37}{4}$

$4\frac{2}{3} = \frac{14}{3}$ $\frac{38}{6} = 6\frac{2}{6}$ $5\frac{6}{7} = \frac{41}{7}$ $3\frac{2}{7} = \frac{23}{7}$

3 Brüche erweitern 1 $\frac{3}{4} \lessgtr \pm$

> Beim Erweitern eines Bruches werden Zähler und Nenner
> mit der gleichen Zahl mal genommen:
>
>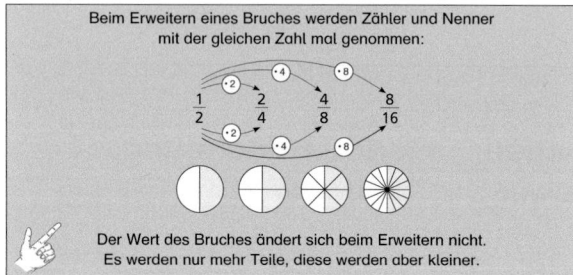
>
> $\frac{1}{2} \quad \frac{2}{4} \quad \frac{4}{8} \quad \frac{8}{16}$
>
> Der Wert des Bruches ändert sich beim Erweitern nicht.
> Es werden nur mehr Teile, diese werden aber kleiner.

❶ Bestimme die erweiterten Brüche.

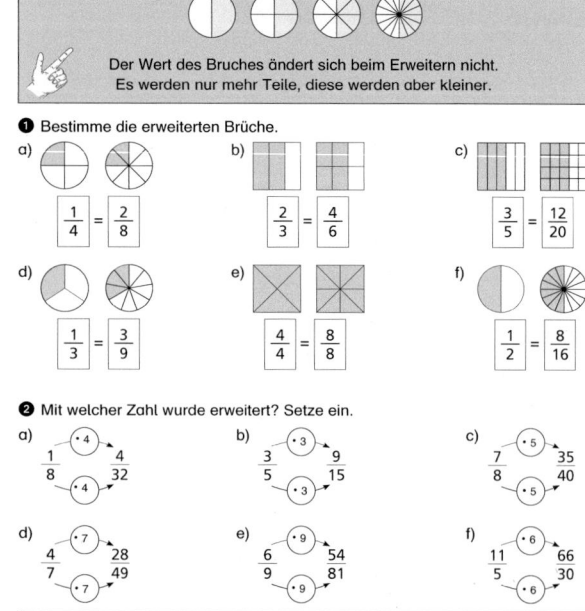

a) $\frac{1}{4} = \frac{2}{8}$ b) $\frac{2}{3} = \frac{4}{6}$ c) $\frac{3}{5} = \frac{12}{20}$

d) $\frac{1}{3} = \frac{3}{9}$ e) $\frac{4}{4} = \frac{8}{8}$ f) $\frac{1}{2} = \frac{8}{16}$

❷ Mit welcher Zahl wurde erweitert? Setze ein.

a) $\frac{1}{8} \xrightarrow{\cdot 4} \frac{4}{32}$ b) $\frac{3}{5} \xrightarrow{\cdot 3} \frac{9}{15}$ c) $\frac{7}{8} \xrightarrow{\cdot 5} \frac{35}{40}$

d) $\frac{4}{7} \xrightarrow{\cdot 7} \frac{28}{49}$ e) $\frac{6}{9} \xrightarrow{\cdot 9} \frac{54}{81}$ f) $\frac{11}{5} \xrightarrow{\cdot 6} \frac{66}{30}$

4 Brüche erweitern 2 $\frac{3}{4} \lessgtr \pm$

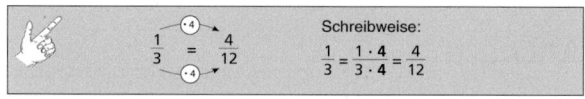

$\frac{1}{3} = \frac{4}{12}$ Schreibweise: $\frac{1}{3} = \frac{1 \cdot 4}{3 \cdot 4} = \frac{4}{12}$

❶ a) Erweitere die Brüche mit 3.

$\frac{1}{5} = \frac{1 \cdot 3}{5 \cdot 3} = \frac{3}{15}$ $\frac{5}{6} = \frac{5 \cdot 3}{6 \cdot 3} = \frac{15}{18}$ $\frac{2}{9} = \frac{2 \cdot 3}{9 \cdot 3} = \frac{6}{27}$

$\frac{4}{7} = \frac{4 \cdot 3}{7 \cdot 3} = \frac{12}{21}$ $\frac{7}{11} = \frac{7 \cdot 3}{11 \cdot 3} = \frac{21}{33}$ $\frac{9}{13} = \frac{9 \cdot 3}{13 \cdot 3} = \frac{27}{39}$

b) Erweitere die Brüche mit 5.

$\frac{3}{6} = \frac{3 \cdot 5}{6 \cdot 5} = \frac{15}{30}$ $\frac{6}{5} = \frac{6 \cdot 5}{5 \cdot 5} = \frac{30}{25}$ $\frac{1}{10} = \frac{1 \cdot 5}{10 \cdot 5} = \frac{5}{50}$

$\frac{7}{8} = \frac{7 \cdot 5}{8 \cdot 5} = \frac{35}{40}$ $\frac{3}{4} = \frac{3 \cdot 5}{4 \cdot 5} = \frac{15}{20}$ $\frac{2}{9} = \frac{2 \cdot 5}{9 \cdot 5} = \frac{10}{45}$

❷ Setze die fehlenden Zahlen ein.

a) $\frac{3}{4} = \frac{3 \cdot 5}{4 \cdot 5} = \frac{15}{20}$ b) $\frac{5}{9} = \frac{5 \cdot 5}{9 \cdot 5} = \frac{25}{45}$

c) $\frac{2}{5} = \frac{2 \cdot 2}{5 \cdot 2} = \frac{4}{10}$ d) $\frac{11}{12} = \frac{11 \cdot 2}{12 \cdot 2} = \frac{22}{24}$

e) $\frac{1}{6} = \frac{1 \cdot 7}{6 \cdot 7} = \frac{7}{42}$ f) $\frac{6}{9} = \frac{6 \cdot 9}{9 \cdot 9} = \frac{54}{81}$

g) $\frac{3}{8} = \frac{3 \cdot 4}{8 \cdot 4} = \frac{12}{32}$ h) $\frac{5}{11} = \frac{5 \cdot 6}{11 \cdot 6} = \frac{30}{66}$

K. Becker/A. Fingerhut: Bruchrechnung in kleinen Schritten – Band 3
© Persen Verlag

K. Becker/A. Fingerhut: Bruchrechnung in kleinen Schritten – Band 3
© Persen Verlag

Lösungen

---

(5) Brüche kürzen 1 $\frac{3}{4} \lessgtr$

Beim Kürzen eines Bruches werden Zähler und Nenner durch die gleiche Zahl geteilt:

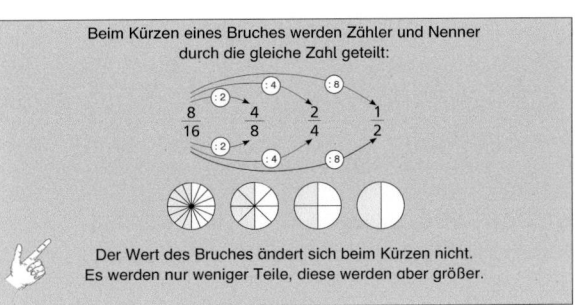

Der Wert des Bruches ändert sich beim Kürzen nicht.
Es werden nur weniger Teile, diese werden aber größer.

❶ Bestimme die gekürzten Brüche.

a) 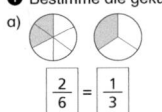 $\frac{2}{6} = \frac{1}{3}$

b) 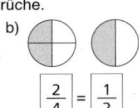 $\frac{2}{4} = \frac{1}{2}$

c) 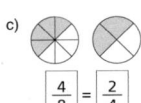 $\frac{4}{8} = \frac{2}{4}$

d) 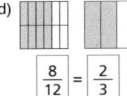 $\frac{8}{12} = \frac{2}{3}$

e) 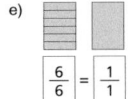 $\frac{6}{6} = \frac{1}{1}$

f) 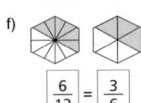 $\frac{6}{12} = \frac{3}{6}$

❷ Mit welcher Zahl wurde gekürzt? Setze ein.

a) 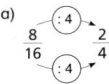 $\frac{8}{16} \;{:4}\; \frac{2}{4}$

b) 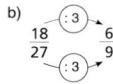 $\frac{18}{27} \;{:3}\; \frac{6}{9}$

c) 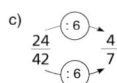 $\frac{24}{42} \;{:6}\; \frac{4}{7}$

d) 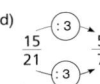 $\frac{15}{21} \;{:3}\; \frac{5}{7}$

e) $\frac{45}{63} \;{:9}\; \frac{5}{7}$

f) 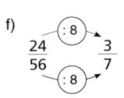 $\frac{24}{56} \;{:8}\; \frac{3}{7}$

K. Becker/A. Fingerhut: Bruchrechnung in kleinen Schritten – Band 3
© Persen Verlag

---

(6) Brüche kürzen 2 $\frac{3}{4} \lessgtr$

 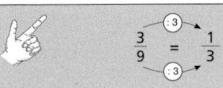

Schreibweise:

$$\frac{3}{9} = \frac{3:3}{9:3} = \frac{1}{3}$$

❶ Kürze die Brüche mit 2.

a) $\frac{8}{16} = \frac{8:2}{16:2} = \frac{4}{8}$

b) $\frac{6}{24} = \frac{6:2}{24:2} = \frac{3}{12}$

c) $\frac{24}{64} = \frac{24:2}{64:2} = \frac{12}{32}$

d) $\frac{12}{14} = \frac{12:2}{14:2} = \frac{6}{7}$

e) $\frac{16}{48} = \frac{16:2}{48:2} = \frac{8}{24}$

f) $\frac{10}{18} = \frac{10:2}{18:2} = \frac{5}{9}$

g) $\frac{36}{52} = \frac{36:2}{52:2} = \frac{18}{26}$

h) $\frac{4}{94} = \frac{4:2}{94:2} = \frac{2}{47}$

i) $\frac{2}{66} = \frac{2:2}{66:2} = \frac{1}{33}$

❷ Kürze die Brüche so weit wie möglich.
Du kannst schrittweise vorgehen.

a) 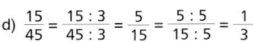 $\frac{24}{36} = \frac{24:2}{36:2} = \frac{12}{18} = \frac{12:3}{18:3} = \frac{4}{6} = \frac{4:2}{6:2} = \frac{2}{3}$

b) 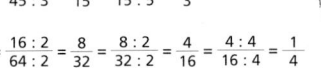 $\frac{4}{24} = \frac{4:2}{24:2} = \frac{2}{12} = \frac{2:2}{12:2} = \frac{1}{6}$

c) 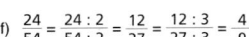 $\frac{40}{60} = \frac{40:2}{60:2} = \frac{20}{30} = \frac{20:10}{30:10} = \frac{2}{3}$

d) $\frac{15}{45} = \frac{15:3}{45:3} = \frac{5}{15} = \frac{5:5}{15:5} = \frac{1}{3}$

e) $\frac{16}{64} = \frac{16:2}{64:2} = \frac{8}{32} = \frac{8:2}{32:2} = \frac{4}{16} = \frac{4:4}{16:4} = \frac{1}{4}$

f) $\frac{24}{54} = \frac{24:2}{54:2} = \frac{12}{27} = \frac{12:3}{27:3} = \frac{4}{9}$

❸ Kennst du einen Bruch, den man nicht kürzen kann?

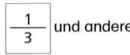 $\frac{1}{3}$ und andere

K. Becker/A. Fingerhut: Bruchrechnung in kleinen Schritten – Band 3
© Persen Verlag

---

(7) Brüche ordnen 1 $\frac{3}{4} \lessgtr$

$\frac{1}{2} > \frac{1}{4}$ $\qquad$ $\frac{1}{8} < \frac{1}{4}$

Ein halbes Stück **ist größer als** ein Viertelstück.

Ein Achtelstück **ist kleiner als** ein Viertelstück.

❶ Gib die Brüche an. Setze dann die richtigen Zeichen (>, <, =).

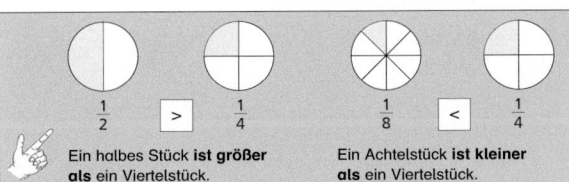

a) $\frac{1}{4} < \frac{1}{2}$

b) $\frac{2}{3} > \frac{1}{3}$

c) $\frac{1}{4} > \frac{1}{8}$

Bei Brüchen mit gleichen Zählern ist der Bruch mit dem kleineren Nenner der größere Bruch. $\qquad \frac{1}{8} < \frac{1}{6}$

❷ Setze die richtigen Zeichen (>, <, =).

a) $\frac{1}{8} > \frac{1}{10}$ $\quad$ b) $\frac{1}{9} < \frac{1}{7}$ $\quad$ c) $\frac{1}{3} > \frac{1}{4}$ $\quad$ d) $\frac{1}{6} < \frac{1}{3}$

❸ Gib die Brüche an. Setze dann die richtigen Zeichen (>, <, =).

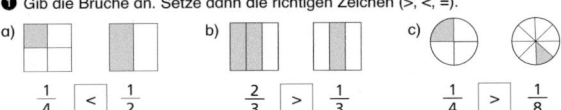

a) $\frac{1}{4} < \frac{2}{4}$

b) $\frac{1}{8} < \frac{3}{8}$

c) $\frac{2}{6} < \frac{4}{6}$

Bei Brüchen mit gleichen Nennern ist der Bruch mit dem größeren Zähler der größere Bruch. $\qquad \frac{2}{4} < \frac{3}{4}$

❹ Setze die richtigen Zeichen (>, <, =).

a) $\frac{2}{8} > \frac{1}{8}$ $\quad$ b) $\frac{3}{7} < \frac{6}{7}$ $\quad$ c) $\frac{2}{11} < \frac{3}{11}$ $\quad$ d) $\frac{1}{5} < \frac{3}{5}$

K. Becker/A. Fingerhut: Bruchrechnung in kleinen Schritten – Band 3
© Persen Verlag

---

(8) Brüche ordnen 2 $\frac{3}{4} \lessgtr$

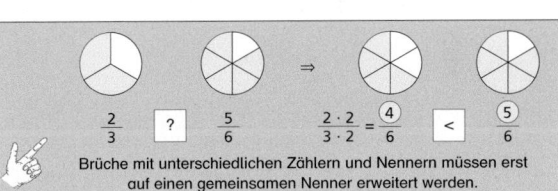

$\frac{2}{3}$? $\frac{5}{6}$ $\Rightarrow$ $\frac{2 \cdot 2}{3 \cdot 2} = \frac{4}{6} < \frac{5}{6}$

Brüche mit unterschiedlichen Zählern und Nennern müssen erst auf einen gemeinsamen Nenner erweitert werden.

❶ Erweitere auf einen gemeinsamen Nenner.
Setze dann das richtige Zeichen (>, <, =).

a) $\frac{1}{2} < \frac{3}{4}$
$\Rightarrow \frac{1 \cdot 2}{2 \cdot 2} = \frac{2}{4} < \frac{3}{4}$

b) $\frac{1}{3} = \frac{3}{9}$
$\Rightarrow \frac{1 \cdot 3}{3 \cdot 3} = \frac{3}{9} = \frac{3}{9}$

c) $\frac{2}{4} < \frac{5}{8}$
$\Rightarrow \frac{2 \cdot 2}{4 \cdot 2} = \frac{4}{8} < \frac{5}{8}$

d) $\frac{1}{5} > \frac{3}{20}$
$\Rightarrow \frac{1 \cdot 4}{5 \cdot 4} = \frac{4}{20} > \frac{3}{20}$

e) $\frac{2}{7} > \frac{1}{35}$
$\Rightarrow \frac{2 \cdot 5}{7 \cdot 5} = \frac{10}{35} > \frac{1}{35}$

f) $\frac{3}{8} = \frac{9}{24}$
$\Rightarrow \frac{3 \cdot 3}{8 \cdot 3} = \frac{9}{24} = \frac{9}{24}$

❷ Erweitere auf einen gemeinsamen Nenner, wenn nötig.
Setze dann das richtige Zeichen (>, <, =).

a) $\frac{2}{7} < \frac{4}{7}$ $\quad$ b) $\frac{2}{3} = \frac{4}{6}$ $\quad$ c) $\frac{3}{5} > \frac{2}{10}$ $\quad$ d) $\frac{4}{7} < \frac{9}{14}$

$\frac{2 \cdot 2}{3 \cdot 2} = \frac{4}{6}$ $\qquad$ $\frac{3 \cdot 2}{5 \cdot 2} = \frac{6}{10}$ $\qquad$ $\frac{4 \cdot 2}{7 \cdot 2} = \frac{8}{14}$

❸ Schreibe als Bruch. Ordne dann die Brüche.
Beginne mit dem kleinsten Bruch.

$1\frac{1}{4} = \frac{5}{4}$ $\quad$ $3\frac{1}{2} = \frac{7}{2}$ $\quad$ $1\frac{3}{4} = \frac{7}{4}$ $\quad$ $2\frac{1}{8} = \frac{17}{8}$ $\quad$ $1\frac{1}{2} = \frac{3}{2}$ $\quad$ $3\frac{1}{6} = \frac{19}{6}$

$\frac{5}{4} < \frac{3}{2} < \frac{7}{4} < \frac{17}{8} < \frac{19}{6} < \frac{7}{2}$

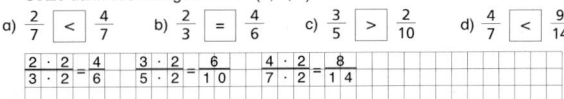

$\frac{5}{4} = \frac{30}{24}$ $\quad$ $\frac{7}{2} = \frac{84}{24}$ $\quad$ $\frac{7}{4} = \frac{42}{24}$ $\quad$ $\frac{17}{8} = \frac{51}{24}$ $\quad$ $\frac{3}{2} = \frac{36}{24}$ $\quad$ $\frac{19}{6} = \frac{76}{24}$

K. Becker/A. Fingerhut: Bruchrechnung in kleinen Schritten – Band 3
© Persen Verlag

K. Becker/A. Fingerhut: Bruchrechnung in kleinen Schritten – Band 3
© Persen Verlag

Lösungen

Brüche mit gleichen Nennern addieren $\frac{3}{4} \begin{smallmatrix} < \\ + \\ - \end{smallmatrix}$

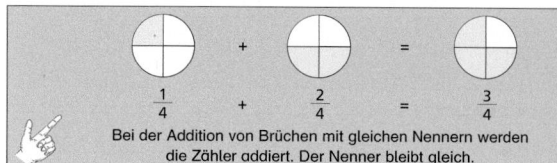

$$\frac{1}{4} + \frac{2}{4} = \frac{3}{4}$$

Bei der Addition von Brüchen mit gleichen Nennern werden die Zähler addiert. Der Nenner bleibt gleich.

❶ Gib das Ergebnis an und färbe die entsprechenden Bruchteile.

a) $\frac{1}{4} + \frac{1}{4} = \boxed{\frac{2}{4}}$
b) $\frac{2}{6} + \frac{1}{6} = \boxed{\frac{3}{6}}$
c) $\frac{2}{8} + \frac{3}{8} = \boxed{\frac{5}{8}}$

d) $\frac{3}{9} + \frac{5}{9} = \boxed{\frac{8}{9}}$
e) $\frac{1}{5} + \frac{3}{5} = \boxed{\frac{4}{5}}$
f) $\frac{7}{16} + \frac{5}{16} = \boxed{\frac{12}{16}}$

❷ Löse die Aufgaben. Kürze das Ergebnis, wenn möglich.

a) $\frac{1}{8} + \frac{3}{8} = \frac{4}{8} = \frac{1}{2}$
b) $\frac{12}{18} + \frac{2}{18} = \frac{14}{18} = \frac{7}{9}$
c) $\frac{9}{55} + \frac{13}{55} + \frac{11}{55} = \frac{33}{55} = \frac{3}{5}$

$\frac{3}{16} + \frac{11}{16} = \frac{14}{16} = \frac{7}{8}$
$\frac{2}{21} + \frac{5}{21} = \frac{7}{21} = \frac{1}{3}$
$\frac{1}{9} + \frac{2}{9} + \frac{3}{9} = \frac{6}{9} = \frac{2}{3}$

$\frac{4}{10} + \frac{1}{10} = \frac{5}{10} = \frac{1}{2}$
$\frac{18}{40} + \frac{14}{40} = \frac{32}{40} = \frac{4}{5}$
$\frac{22}{36} + \frac{4}{36} + \frac{4}{36} = \frac{30}{36} = \frac{5}{6}$

❸ Nach einer Party bleiben 3 Achtel einer Schinken-pizza, 2 Achtel einer Thunfischpizza und 1 Achtel einer Salamipizza übrig. Wie viele Achtel sind dies zusammen?

Rechnung: $\frac{3}{8} + \frac{2}{8} + \frac{1}{8} = \frac{6}{8}$

Antwort: Es bleiben $\frac{6}{8}$ Pizza übrig.

Brüche mit ungleichen Nennern addieren $\frac{3}{4} \begin{smallmatrix} < \\ + \\ - \end{smallmatrix}$

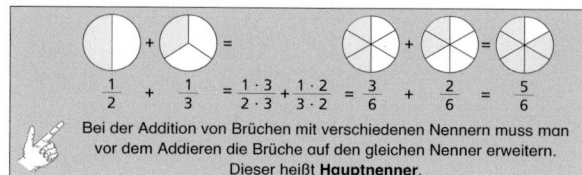

$$\frac{1}{2} + \frac{1}{3} = \frac{1 \cdot 3}{3 \cdot 3} + \frac{1 \cdot 2}{3 \cdot 2} = \frac{3}{6} + \frac{2}{6} = \frac{5}{6}$$

Bei der Addition von Brüchen mit verschiedenen Nennern muss man vor dem Addieren die Brüche auf den gleichen Nenner erweitern. Dieser heißt **Hauptnenner**.

❶ Erweitere zuerst auf den Hauptnenner. Addiere dann die Brüche.

a) $\frac{1}{2} + \frac{1}{4} = \frac{1 \cdot 2}{2 \cdot 2} + \frac{1}{4} = \frac{2}{4} + \frac{1}{4} = \underline{\frac{3}{4}}$

b) $\frac{1}{3} + \frac{3}{6} = \frac{1 \cdot \boxed{2}}{3 \cdot \boxed{2}} + \frac{3}{6} = \frac{2}{6} + \frac{3}{6} = \underline{\frac{5}{6}}$

c) $\frac{3}{5} + \frac{1}{10} = \frac{3 \cdot 2}{5 \cdot 2} + \frac{1}{10} = \frac{6}{10} + \frac{1}{10} = \underline{\frac{7}{10}}$

d) $\frac{1}{4} + \frac{1}{3} = \frac{1 \cdot 3}{4 \cdot 3} + \frac{1 \cdot 4}{3 \cdot 4} = \frac{3}{12} + \frac{4}{12} = \underline{\frac{7}{12}}$

e) $\frac{3}{4} + \frac{1}{5} = \frac{3 \cdot 5}{4 \cdot 5} + \frac{1 \cdot 4}{5 \cdot 4} = \frac{15}{20} + \frac{4}{20} = \underline{\frac{19}{20}}$

❷ Susanne teilt eine Tafel Schokolade mit ihren Freunden. Peter isst ein Sechstel der Schokolade, Lisa ein Fünftel und Susanne ein Drittel der Schokolade. Wie viel von der Tafel Schokolade haben sie zusammen gegessen?

Rechnung: $\frac{1}{6} + \frac{1}{5} + \frac{1}{3} = \frac{1 \cdot 5}{6 \cdot 5} + \frac{1 \cdot 6}{5 \cdot 6} + \frac{1 \cdot 10}{3 \cdot 10} = \frac{5}{30} + \frac{6}{30} + \frac{10}{30} = \frac{21}{30} = \frac{7}{10}$

Antwort: Sie haben zusammen $\frac{7}{10}$ von der Schokolade gegessen.

❸ Löse die Aufgaben. Denk daran, dass du die Brüche zuerst auf den Hauptnenner erweitern musst!

a) $\frac{1}{6} + \frac{1}{12} = \frac{2}{12} + \frac{3}{12} = \frac{5}{12}$
b) $\frac{2}{9} + \frac{1}{3} = \frac{2}{9} + \frac{3}{9} = \frac{5}{9}$

$\frac{4}{7} + \frac{1}{35} = \frac{20}{35} + \frac{1}{35} = \frac{21}{35} = \frac{3}{5}$
$\frac{5}{6} + \frac{1}{15} = \frac{25}{30} + \frac{2}{30} = \frac{27}{30} = \frac{9}{10}$

$\frac{1}{6} + \frac{1}{4} + \frac{1}{12} = \frac{2}{12} + \frac{6}{12} + \frac{3}{12} = \frac{11}{12}$

Gemischte Zahlen addieren $\frac{3}{4} \begin{smallmatrix} < \\ + \\ - \end{smallmatrix}$

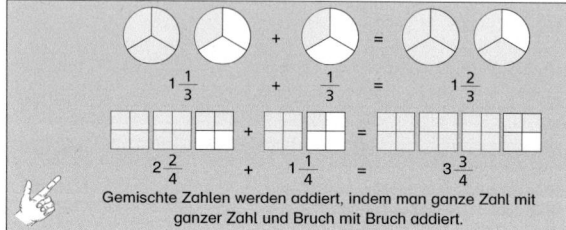

$$1\frac{1}{3} + \frac{1}{3} = 1\frac{2}{3}$$

$$2\frac{2}{4} + 1\frac{1}{4} = 3\frac{3}{4}$$

Gemischte Zahlen werden addiert, indem man ganze Zahl mit ganzer Zahl und Bruch mit Bruch addiert.

❶ Löse die Aufgaben.

a) $2\frac{1}{6} + 1\frac{2}{6} = \boxed{3 \ \frac{3}{6}}$
c) $3\frac{1}{5} + 5\frac{2}{5} = 8\frac{3}{5}$

b) $6\frac{3}{7} + 3\frac{3}{7} = 9\frac{6}{7}$
d) $10\frac{4}{11} + 7\frac{3}{11} = 17\frac{7}{11}$

❷ Löse die Aufgaben.

Brüche mit verschiedenen Nennern zuerst auf den Hauptnenner erweitern.

$$1\frac{1}{2} + 2\frac{2}{3} = 1\frac{1 \cdot \boxed{3}}{2 \cdot \boxed{3}} + 2\frac{2 \cdot \boxed{2}}{3 \cdot \boxed{2}} = 1\frac{3}{6} + 2\frac{4}{6} = 3\frac{7}{6} = 4\frac{1}{6}$$

a) $1\frac{1}{4} + \frac{2}{3} = 1\frac{3}{4}$

b) $1\frac{1}{4} + 2\frac{1}{3} = 3\frac{7}{12}$

c) $1\frac{1}{4} + 3\frac{2}{5} = 4\frac{13}{20}$

b) $1\frac{1}{4} + 2\frac{1}{3} = 1\frac{1 \cdot 3}{4 \cdot 3} + 2\frac{1 \cdot 4}{3 \cdot 4}$
$= 1\frac{3}{12} + 2\frac{4}{12} = 3\frac{7}{12}$

c) $1\frac{1}{4} + 3\frac{2}{5} = 1\frac{1 \cdot 5}{4 \cdot 5} + 3\frac{2 \cdot 4}{5 \cdot 4}$
$= 1\frac{5}{20} + 3\frac{8}{20} = 4\frac{13}{20}$

❸ Tim geht seine Oma besuchen. Er läuft $2\frac{1}{2}$ km bis zu ihrem Haus. Auf dem Rückweg läuft er $2\frac{6}{7}$ km, weil er einen Umweg zur Eisdiele macht.

Frage: Wie weit ist Tim insgesamt gelaufen?

Rechnung: $2\frac{1}{2}$ km $+ 2\frac{6}{7}$ km $= 2\frac{7}{14}$ km $+ 2\frac{12}{14}$ km $= 4\frac{19}{14}$ km $= 5\frac{5}{14}$ km

Antwort: Tim ist $5\frac{5}{14}$ km gelaufen.

Brüche mit gleichen Nennern subtrahieren $\frac{3}{4} \begin{smallmatrix} < \\ + \\ - \end{smallmatrix}$

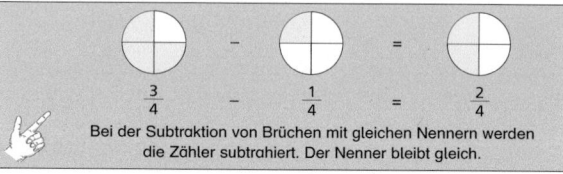

$$\frac{3}{4} - \frac{1}{4} = \frac{2}{4}$$

Bei der Subtraktion von Brüchen mit gleichen Nennern werden die Zähler subtrahiert. Der Nenner bleibt gleich.

❶ Gib das Ergebnis an und färbe die Bruchteile.

a) $\frac{5}{6} - \frac{2}{6} = \boxed{\frac{3}{6}}$
b) $\frac{2}{3} - \frac{1}{3} = \boxed{\frac{1}{3}}$
c) $\frac{2}{4} - \frac{1}{4} = \boxed{\frac{1}{4}}$

d) $\frac{5}{8} - \frac{3}{8} = \boxed{\frac{2}{8}}$
e) $\frac{7}{10} - \frac{4}{10} = \boxed{\frac{3}{10}}$
f) $\frac{4}{5} - \frac{2}{5} = \boxed{\frac{2}{5}}$

❷ Berechne das Ergebnis.

a) $\frac{3}{7} - \frac{1}{7} = \frac{2}{7}$
b) $\frac{19}{21} - \frac{11}{21} - \frac{1}{21} = \frac{7}{21} = \frac{1}{3}$
c) $\frac{12}{20} - \frac{9}{20} = \frac{3}{20}$

$\frac{5}{11} - \frac{4}{11} = \frac{1}{11}$
$\frac{7}{10} - \frac{3}{10} - \frac{2}{10} = \frac{2}{10} = \frac{1}{5}$
$\frac{33}{50} - \frac{17}{50} = \frac{6}{50} = \frac{3}{25}$

❸ In einer Flasche sind $\frac{3}{4}$ Liter Saft. Leon und Marie trinken jeder ein Glas mit $\frac{1}{4}$ Liter.

Frage: Wie viel Saft ist noch in der Flasche?

Rechnung: $\frac{3}{4}$ l $- \frac{1}{4}$ l $- \frac{1}{4}$ l $= \frac{1}{4}$ l

Antwort: Es ist noch $\frac{1}{4}$ Liter Saft in der Flasche.

❹ Setze die fehlenden Zahlen ein.

a) $\frac{4}{5} - \frac{\boxed{2}}{5} = \frac{2}{5}$
b) $\frac{8}{10} - \frac{\boxed{5}}{10} = \frac{3}{10}$
c) $\frac{\boxed{11}}{20} - \frac{2}{20} = \frac{9}{20}$

Lösungen

(13) Brüche mit ungleichen Nennern subtrahieren $\frac{3}{4}\begin{smallmatrix}<\\+\\-\end{smallmatrix}$

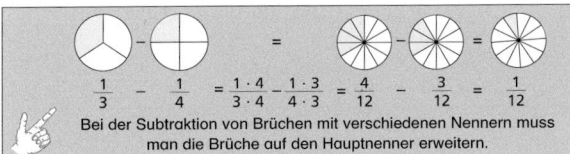

$$\frac{1}{3} - \frac{1}{4} = \frac{1\cdot4}{3\cdot4} - \frac{1\cdot3}{4\cdot3} = \frac{4}{12} - \frac{3}{12} = \frac{1}{12}$$

Bei der Subtraktion von Brüchen mit verschiedenen Nennern muss man die Brüche auf den Hauptnenner erweitern.

❶ Löse die Aufgaben. Erweitere zuerst auf den Hauptnenner.

a) $\frac{4}{5} - \frac{3}{10} = \frac{4\cdot2}{5\cdot2} - \frac{3\cdot1}{10\cdot1} = \frac{8}{10} - \frac{6}{20} = \frac{2}{10}$

b) $\frac{7}{8} - \frac{3}{4} = \frac{7\cdot\boxed{3}}{8\cdot\boxed{3}} - \frac{3\cdot\boxed{6}}{4\cdot\boxed{6}} = \frac{21}{24} - \frac{18}{24} = \frac{3}{24}$

c) $\frac{6}{7} - \frac{1}{2} = \frac{6\cdot\boxed{2}}{7\cdot\boxed{2}} - \frac{1\cdot\boxed{7}}{2\cdot\boxed{7}} = \frac{12}{14} - \frac{7}{14} = \frac{5}{14}$

d) $\frac{3}{4} - \frac{2}{6} = \frac{3\cdot3}{4\cdot3} - \frac{2\cdot2}{6\cdot2} = \frac{9}{12} - \frac{4}{12} = \frac{5}{12}$

e) $\frac{3}{5} - \frac{1}{3} = \frac{3\cdot3}{5\cdot3} - \frac{1\cdot5}{3\cdot5} = \frac{9}{15} - \frac{5}{15} = \frac{4}{15}$

❷ Im Kühlschrank steht $\frac{1}{3}$ Torte. Julia isst $\frac{1}{4}$ davon.

Frage: Wie viel Torte bleibt übrig?

Rechnung: $\frac{1}{3} - \frac{1}{4} = \frac{1\cdot4}{3\cdot4} - \frac{1\cdot3}{4\cdot3} = \frac{4}{12} - \frac{3}{12} = \frac{1}{12}$

Antwort: Es bleibt $\frac{1}{12}$ der Torte übrig.

❸ Löse die Aufgaben.

$-$	$\frac{2}{4}$	$\frac{1}{2}$	$\frac{5}{9}$
$\frac{7}{8}$	$\frac{3}{8}$	$\frac{3}{8}$	$\frac{23}{72}$
$\frac{11}{12}$	$\frac{5}{12}$	$\frac{5}{12}$	$\frac{13}{36}$
$\frac{5}{7}$	$\frac{6}{28} = \frac{3}{14}$	$\frac{3}{14}$	$\frac{10}{63}$

❹ Subtrahiere immer $\frac{1}{11}$. Kürze das Ergebnis, wenn möglich.

$\frac{84}{99} \rightarrow \boxed{\frac{75}{99}} \rightarrow \boxed{\frac{66}{99}} \rightarrow \boxed{\frac{57}{99}} \rightarrow \boxed{\frac{16}{33}}$

$\frac{1\cdot9}{11\cdot9} = \frac{9}{99} \qquad \frac{48}{99} = \frac{16}{33}$

(14) Gemischte Zahlen subtrahieren $\frac{3}{4}\begin{smallmatrix}<\\+\\-\end{smallmatrix}$

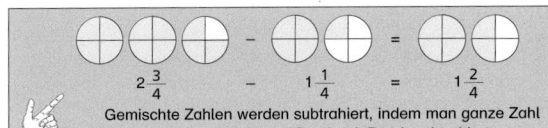

$$2\frac{3}{4} - 1\frac{1}{4} = 1\frac{2}{4}$$

Gemischte Zahlen werden subtrahiert, indem man ganze Zahl mit ganzer Zahl und Bruch mit Bruch subtrahiert.

❶ Löse die Aufgaben.

a) $2\frac{2}{3} - 1\frac{1}{3} = \boxed{1 \quad \frac{1}{3}}$ b) $3\frac{4}{5} - 2\frac{2}{5} = 1\frac{2}{5}$ c) $5\frac{8}{9} - 3\frac{4}{9} = 2\frac{4}{9}$

d) $12\frac{11}{20} - 3\frac{4}{20} - 2\frac{5}{20} = 7\frac{2}{20}$ e) $15\frac{7}{12} - 4\frac{4}{12} - 2\frac{2}{12} = 11\frac{1}{12}$

❷ Setze die fehlenden Zahlen ein.

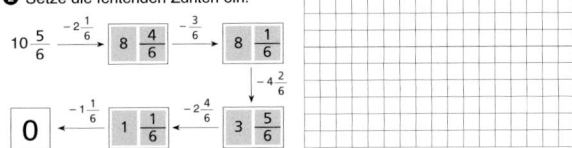

$10\frac{5}{6} \xrightarrow{-2\frac{1}{6}} \boxed{8\frac{4}{6}} \xrightarrow{-\frac{3}{6}} \boxed{8\frac{1}{6}}$

$\downarrow -4\frac{2}{6}$

$\boxed{0} \xleftarrow{-1\frac{1}{6}} \boxed{1\frac{1}{6}} \xleftarrow{-2\frac{4}{6}} \boxed{3\frac{5}{6}}$

❸ Löse die Aufgaben.

Brüche mit verschiedenen Nennern zuerst auf den Hauptnenner erweitern.

$$2\frac{2}{3} - 1\frac{1}{2} = 2\frac{2\cdot\textcircled{2}}{3\cdot\textcircled{2}} - 1\frac{1\cdot\textcircled{3}}{2\cdot\textcircled{3}} = 2\frac{4}{6} - 1\frac{3}{6} = 1\frac{1}{6}$$

a) $4\frac{1}{2} - 2\frac{3}{8} = 2\frac{1}{8}$ b) $5\frac{6}{7} - 1\frac{2}{3} = 4\frac{4}{21}$

c) $10\frac{4}{9} - 3\frac{2}{6} - 1\frac{1}{18} = 6\frac{1}{18}$

❹ Herr Meyer will $\frac{5}{4}$ m² Wand streichen. Er hat noch Farbe für $\frac{8}{6}$ m². Reicht die Farbe aus, um die Wand zu streichen? Wenn ja, wie viel Farbe bleibt übrig?

Rechnung: $\frac{8}{6}$ m² $- \frac{5}{4}$ m² $= \frac{32}{24}$ m² $- \frac{30}{24}$ m² $= \frac{2}{24}$ m² $= \frac{1}{12}$ m²

Antwort: Die Farbe reicht und für $\frac{1}{12}$ m² bleibt Farbe übrig.

(15) Einführung: Vervielfachen von Brüchen $\frac{2}{3}\cdot\frac{1}{2}$

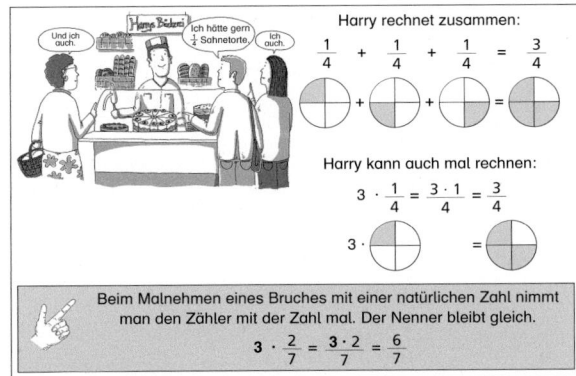

Harry rechnet zusammen:

$$\frac{1}{4} + \frac{1}{4} + \frac{1}{4} = \frac{3}{4}$$

Harry kann auch mal rechnen:

$$3 \cdot \frac{1}{4} = \frac{3\cdot1}{4} = \frac{3}{4}$$

$$3 \cdot \frac{1}{4} = \frac{3}{4}$$

Beim Malnehmen eines Bruches mit einer natürlichen Zahl nimmt man den Zähler mit der Zahl mal. Der Nenner bleibt gleich.

$$3 \cdot \frac{2}{7} = \frac{3\cdot2}{7} = \frac{6}{7}$$

❶ Schreibe als Mal-Aufgabe und berechne.
Schreibe das Ergebnis als gemischte Zahl, wenn möglich.

a)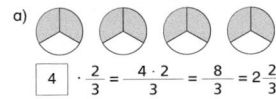

$\boxed{4} \cdot \frac{2}{3} = \frac{4\cdot2}{3} = \frac{8}{3} = 2\frac{2}{3}$

b)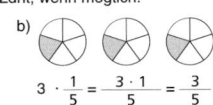

$3 \cdot \frac{1}{5} = \frac{3\cdot1}{5} = \frac{3}{5}$

c)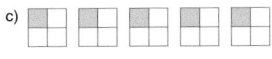

$5 \cdot \frac{1}{4} = \frac{5\cdot1}{4} = \frac{5}{4} = 1\frac{1}{4}$

d)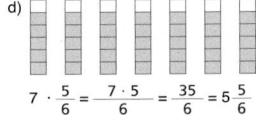

$7 \cdot \frac{5}{6} = \frac{7\cdot5}{6} = \frac{35}{6} = 5\frac{5}{6}$

e)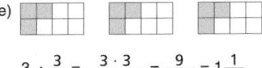

$3 \cdot \frac{3}{8} = \frac{3\cdot3}{8} = \frac{9}{8} = 1\frac{1}{8}$

f)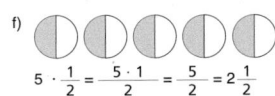

$5 \cdot \frac{1}{2} = \frac{5\cdot1}{2} = \frac{5}{2} = 2\frac{1}{2}$

(16) Vervielfachen von Brüchen 1 $\frac{2}{3}\cdot\frac{1}{2}$

❶ Schreibe als Mal-Aufgabe und berechne.

Beispiel: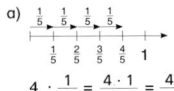

$$2 \cdot \frac{3}{7} = \frac{2\cdot3}{7} = \frac{6}{7}$$

a)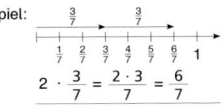

$4 \cdot \frac{1}{5} = \frac{4\cdot1}{5} = \frac{4}{5}$

b)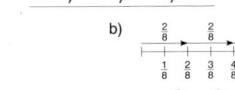

$3 \cdot \frac{2}{8} = \frac{3\cdot2}{8} = \frac{6}{8} = \frac{3}{4}$

c)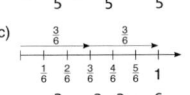

$2 \cdot \frac{3}{6} = \frac{2\cdot3}{6} = \frac{6}{6} = 1$

d)

$4 \cdot \frac{2}{9} = \frac{4\cdot2}{9} = \frac{8}{9}$

e)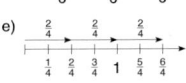

$3 \cdot \frac{2}{4} = \frac{3\cdot2}{4} = \frac{6}{4} = 1\frac{2}{4}$

f) $7 \cdot \frac{1}{3} = \frac{7\cdot1}{3} = \frac{7}{3} = 2\frac{1}{3}$

❷ Schreibe als Mal-Aufgabe und berechne.
Schreibe das Ergebnis als gemischte Zahl, wenn möglich.

a) $\frac{1}{7} + \frac{1}{7} + \frac{1}{7}$

$3 \cdot \frac{1}{7} = \frac{3}{7}$

b) $\frac{3}{9} + \frac{3}{9} + \frac{3}{9} + \frac{3}{9}$

$4 \cdot \frac{3}{9} = \frac{12}{9} = 1\frac{3}{9} = 1\frac{1}{3}$

c) $\frac{3}{7} + \frac{3}{7}$

$2 \cdot \frac{3}{7} = \frac{6}{7}$

d) $\frac{4}{21} + \frac{4}{21} + \frac{4}{21} + \frac{4}{21} + \frac{4}{21}$

$5 \cdot \frac{4}{21} = \frac{20}{21}$

e) $\frac{6}{15} + \frac{6}{15} + \frac{6}{15} + \frac{6}{15}$

$4 \cdot \frac{6}{15} = \frac{24}{15} = 1\frac{9}{15}$

f) $\frac{1}{32} + \frac{1}{32} + \frac{1}{32} + \frac{1}{32} + \frac{1}{32}$

$5 \cdot \frac{1}{32} = \frac{5}{32}$

Lösungen

---

17 Vervielfachen von Brüchen 2 $\frac{2}{3} \cdot \frac{1}{2}$

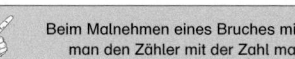

Beim Malnehmen eines Bruches mit einer natürlichen Zahl nimmt man den Zähler mit der Zahl mal. Der Nenner bleibt gleich.

❶ Berechne und schreibe das Ergebnis als gemischte Zahl, wenn möglich.

a) $7 \cdot \frac{2}{9} = \frac{7 \cdot 2}{9} = \frac{14}{9} = 1\frac{5}{9}$

b) $8 \cdot \frac{1}{8} = \frac{8 \cdot 1}{8} = \frac{8}{8} = 1$

c) $3 \cdot \frac{1}{5} = \frac{3 \cdot 1}{5} = \frac{3}{5}$

d) $5 \cdot \frac{4}{7} = \frac{5 \cdot 4}{7} = \frac{20}{7} = 2\frac{6}{7}$

e) $4 \cdot \frac{7}{6} = \frac{4 \cdot 7}{6} = \frac{28}{6} = 4\frac{4}{6} = 4\frac{2}{3}$

f) $10 \cdot \frac{5}{3} = \frac{10 \cdot 5}{3} = \frac{50}{3} = 16\frac{2}{3}$

❷ Anna trinkt täglich $\frac{3}{4}$ l Milch. Wie viel Liter trinkt sie in einer Woche (= 7 Tage)?

Rechnung: $7 \cdot \frac{3}{4}$ l $= \frac{7 \cdot 3}{4}$ l $= \frac{21}{4}$ l $= 5\frac{1}{4}$ l

Antwort: In einer Woche trinkt Anna $5\frac{1}{4}$ l Milch.

❸ Verdreifache („**3** ·"…) die Brüche.

$\frac{5}{9}$ $\frac{3}{4}$ $\frac{1}{12}$ $\frac{5}{11}$ $\frac{3}{10}$ $\frac{3}{7}$
$\frac{1}{2}$ $\frac{2}{3}$ $\frac{4}{6}$ $\frac{1}{8}$

$3 \cdot \frac{5}{9} = \frac{3 \cdot 5}{9} = \frac{15}{9} = 1\frac{6}{9} = 1\frac{2}{3}$ $3 \cdot \frac{1}{2} = \frac{3}{2} = 1\frac{1}{2}$

$3 \cdot \frac{3}{4} = \frac{9}{4} = 2\frac{1}{4}$ $3 \cdot \frac{2}{3} = \frac{6}{3} = 2$ $3 \cdot \frac{1}{12} = \frac{3}{12} = \frac{1}{4}$

$3 \cdot \frac{5}{11} = \frac{15}{11} = 1\frac{4}{11}$ $3 \cdot \frac{4}{6} = \frac{12}{6} = 2$ $3 \cdot \frac{3}{10} = \frac{9}{10}$

$3 \cdot \frac{1}{8} = \frac{3}{8}$ $3 \cdot \frac{3}{7} = \frac{9}{7} = 1\frac{2}{7}$

---

18 Vervielfachen von Brüchen 3 $\frac{2}{3} \cdot \frac{1}{2}$

❶ Berechne. Die Endergebnisse findest du unter der Aufgabe. Vergleiche deine Ergebnisse.

a) $4 \cdot \frac{1}{9} = \frac{4}{9}$

b) $11 \cdot \frac{2}{7} = \frac{22}{7} = 3\frac{1}{7}$

c) $7 \cdot \frac{5}{6} = \frac{35}{6} = 5\frac{5}{6}$

$5 \cdot \frac{2}{11} = \frac{10}{11}$

$6 \cdot \frac{3}{5} = \frac{18}{5} = 3\frac{3}{5}$

$9 \cdot \frac{7}{4} = \frac{63}{4} = 15\frac{3}{4}$

$32 \cdot \frac{1}{8} = \frac{32}{8} = 4$

$3 \cdot \frac{8}{9} = \frac{24}{9} = 2\frac{6}{9} = 2\frac{2}{3}$

$3 \cdot \frac{10}{12} = \frac{30}{12} = 2\frac{6}{12} = 2\frac{1}{2}$

$2 \cdot \frac{3}{4} = \frac{6}{4} = 1\frac{2}{4} = 1\frac{1}{2}$

$5 \cdot \frac{5}{8} = \frac{25}{8} = 3\frac{1}{8}$

$2 \cdot \frac{24}{31} = \frac{48}{31} = 1\frac{17}{31}$

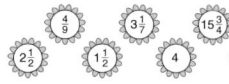
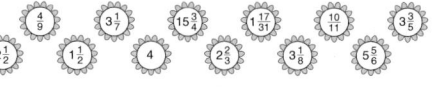

$\left(\frac{4}{9}\right)$ $\left(3\frac{1}{7}\right)$ $\left(15\frac{3}{4}\right)$ $\left(1\frac{17}{31}\right)$ $\left(\frac{10}{11}\right)$ $\left(3\frac{3}{5}\right)$

$\left(2\frac{1}{2}\right)$ $\left(1\frac{1}{2}\right)$ $\left(4\right)$ $\left(2\frac{2}{3}\right)$ $\left(3\frac{1}{8}\right)$ $\left(5\frac{5}{6}\right)$

❷ In eine Tasse passt $\frac{2}{8}$ Liter Milch. Wie viele Liter Milch passen in 5 Tassen? Reichen 2 Liter Milch, um 5 Tassen mit Milch zu füllen?

Rechnung: $5 \cdot \frac{2}{8}$ l $= \frac{10}{8}$ l $= \frac{5}{4}$ l $= 1\frac{1}{4}$ l

Antwort: In 5 Tassen passen $1\frac{1}{4}$ l Milch. 2 Liter Milch reichen, um 5 Tassen mit Milch zu füllen.

Gemischte Zahlen werden zuerst in Brüche umgewandelt.
Beispiel: $3 \cdot 1\frac{1}{4} = 3 \cdot \frac{5}{4} = \frac{3 \cdot 5}{4} = \frac{15}{4} = 3\frac{3}{4}$

❸ Berechne wie im Beispiel.

a) $6 \cdot 1\frac{1}{5} = 6 \cdot \frac{6}{5} = \frac{36}{5} = 7\frac{1}{5}$

b) $3 \cdot 1\frac{1}{2} = 3 \cdot \frac{3}{2} = \frac{9}{2} = 4\frac{1}{2}$

c) $5 \cdot 2\frac{1}{4} = 5 \cdot \frac{9}{4} = \frac{45}{4} = 11\frac{1}{4}$

d) $4 \cdot 1\frac{3}{5} = 4 \cdot \frac{8}{5} = \frac{32}{5} = 6\frac{2}{5}$

e) $7 \cdot 2\frac{2}{7} = 7 \cdot \frac{16}{7} = \frac{112}{7} = 16$

---

19 Vervielfachen von Brüchen 4 $\frac{2}{3} \cdot \frac{1}{2}$

Sabine macht ein Jahrespraktikum.
Sie erzählt: „Ich verdiene 120 € im Monat. Das ist nicht viel, aber ich spare trotzdem $\frac{2}{3}$ von diesen 120 € jeden Monat."
Wie viel Euro spart Sabine jeden Monat?

$\frac{2}{3}$ **von** 120 € $= \frac{2}{3} \cdot 120$ € $= \frac{2 \cdot 120}{3}$ € $= \frac{240}{3}$ € $= \underline{80 \text{ €}}$

„von" heißt hier „mal"

❶ Berechne.

a) Wie viel sind $\frac{2}{5}$ von 10 cm?

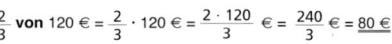
10 cm

$\frac{2}{5} \cdot 10$ cm $= \frac{2 \cdot 10}{5}$ cm $= \frac{20}{5}$ cm $= \underline{4 \text{ cm}}$

b) Wie viel sind $\frac{4}{7}$ von 14 cm?

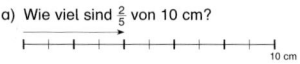
14 cm

$\frac{4}{7} \cdot 14$ cm $= \frac{4 \cdot 14}{7}$ cm $= \frac{56}{7}$ cm $= \underline{8 \text{ cm}}$

c) Wie viel sind $\frac{3}{4}$ von 12 cm?

12 cm

$\frac{3}{4} \cdot 12$ cm $= \frac{3 \cdot 12}{4}$ cm $= \frac{36}{4}$ cm $= \underline{9 \text{ cm}}$

❷ Berechne.

a) $\frac{4}{5}$ von 5 cm $= \frac{20}{5}$ cm $= 4$ cm

$\frac{3}{4}$ von 6 km $= \frac{18}{4}$ km $= 4\frac{1}{2}$ km

$\frac{3}{8}$ von 5 cm $= \frac{15}{8}$ cm $= 1\frac{7}{8}$ cm

b) $\frac{2}{7}$ von 21 l $= \frac{42}{7}$ l $= 6$ l

$\frac{3}{10}$ von 12 dm $= \frac{36}{10}$ dm $= 3\frac{3}{5}$ dm

$\frac{4}{8}$ von 8 € $= \frac{32}{8}$ € $= 4$ €

---

20 Vervielfachen von Brüchen 5 $\frac{2}{3} \cdot \frac{1}{2}$

❶ Mit welcher natürlichen Zahl wurde mal genommen? Fülle die Lücken aus.

a) $\frac{6}{9} \cdot \boxed{2} = \frac{12}{9}$

b) $\frac{8}{10} \cdot \boxed{4} = \frac{32}{10}$

c) $\frac{7}{12} \cdot \boxed{7} = \frac{49}{12}$

$5 \cdot \frac{3}{8} = \frac{15}{8}$

$9 \cdot \frac{3}{4} = \frac{27}{4}$

$\frac{8}{11} \cdot \boxed{9} = \frac{72}{11}$

Gemischte Zahlen werden zuerst in Brüche umgewandelt.
Beispiel: $2\frac{1}{2} \cdot 3 = \frac{5}{2} \cdot 3 = \frac{5 \cdot 3}{2} = \frac{15}{2} = 7\frac{1}{2}$

❷ Berechne wie im Beispiel.

a) $2\frac{1}{2} \cdot 5 = \frac{5}{2} \cdot 5 = \frac{5 \cdot 5}{2} = \frac{25}{2} = 12\frac{1}{2}$

b) $3\frac{1}{5} \cdot 2 = \frac{16}{5} \cdot 2 = \frac{16 \cdot 2}{5} = \frac{32}{5} = 6\frac{2}{5}$

c) $5\frac{1}{3} \cdot 3 = \frac{16}{3} \cdot 3 = \frac{16 \cdot 3}{3} = \frac{48}{3} = 16$

❸ Frau Müller hat 7 Säcke Kartoffeln zu je $5\frac{1}{2}$ kg gekauft. Wie viel Kilogramm Kartoffeln hat sie insgesamt gekauft?

Rechnung: $7 \cdot 5\frac{1}{2}$ kg $= 7 \cdot \frac{11}{2}$ kg $= \frac{77}{2}$ kg $= 38\frac{1}{2}$ kg

Antwort: Sie hat insgesamt $38\frac{1}{2}$ kg Kartoffeln gekauft.

❹ Löse die Aufgaben. Kürze schon vor dem Ausrechnen.

Beispiel: $\frac{3}{4} \cdot 8 = \frac{3 \cdot \overset{2}{8}}{\underset{1}{4}} = \frac{3 \cdot 2}{1} = 6$

a) $\frac{7}{9} \cdot 18 = \frac{7 \cdot \overset{2}{18}}{\underset{1}{9}} = 14$

b) $6 \cdot \frac{5}{12} = \frac{\overset{1}{6} \cdot 5}{\underset{2}{12}} = \frac{5}{2} = 2\frac{1}{2}$

c) $\frac{2}{5} \cdot 10 = \frac{2 \cdot \overset{2}{10}}{\underset{1}{5}} = 4$

d) $\frac{7}{12} \cdot 4 = \frac{7 \cdot \overset{1}{4}}{\underset{3}{12}} = \frac{7}{3} = 2\frac{1}{3}$

e) $8 \cdot \frac{3}{32} = \frac{\overset{1}{8} \cdot 3}{\underset{4}{32}} = \frac{3}{4}$

f) $\frac{2}{3} \cdot 12 = \frac{2 \cdot \overset{4}{12}}{\underset{1}{3}} = 8$

Lösungen

---

21   Einführung: Multiplikation von Brüchen $\frac{2}{3} \cdot \frac{1}{2}$

Frau Meier möchte ihren Garten umgestalten.
$\frac{3}{4}$ des Gartens sind Rasenfläche.
$\frac{2}{5}$ von dieser Rasenfläche sollen Blumenbeete werden.
Welchen Anteil nehmen die Blumenbeete im neuen
Garten ein? Also wie berechnet man $\frac{2}{5}$ **von** $\frac{3}{4}$?

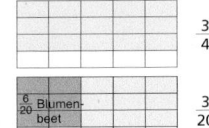

$\frac{3}{4}$ Rasenfläche

Die Rasenfläche wird in
5 gleiche Teile zerlegt:

$\frac{3}{4} : 5 = \frac{3}{4 \cdot 5} = \frac{3}{20}$

Von diesen 5 Teilen
nimmt man nun 2 Teile:

$\frac{6}{20}$ Blumen-beet

$\frac{3}{20} \cdot 2 = \frac{3 \cdot 2}{20} = \frac{6}{20} = \frac{3}{10}$

$\frac{2}{5}$ von $\frac{3}{4}$ bedeutet also

$\frac{3}{4} \xrightarrow[: 5]{\cdot 2} \frac{3 \cdot 2}{4 \cdot 5} = \frac{6}{20} = \frac{3}{10}$
$\searrow \frac{3}{4 \cdot 5} \nearrow \cdot 2$

„von" heißt hier „mal"

❶ Berechne mithilfe des Operatormodells.

a) $\frac{3}{5}$ von $\frac{6}{7}$ kg

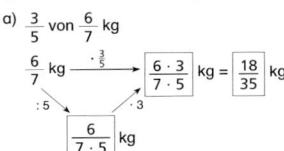

$\frac{6}{7}$ kg $\xrightarrow{\cdot \frac{3}{5}}$ $\frac{6 \cdot 3}{7 \cdot 5}$ kg $= \frac{18}{35}$ kg

$\frac{6}{7 \cdot 5}$ kg

b) $\frac{1}{6}$ von $\frac{2}{3}$ l

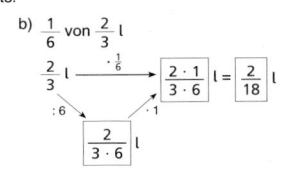

$\frac{2}{3}$ l $\xrightarrow{\cdot \frac{1}{6}}$ $\frac{2 \cdot 1}{3 \cdot 6}$ l $= \frac{2}{18}$ l

$\frac{2}{3 \cdot 6}$ l

c) $\frac{3}{4}$ von $\frac{8}{9}$ m

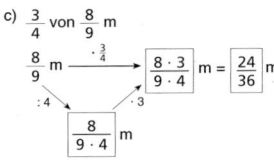

$\frac{8}{9}$ m $\xrightarrow{\cdot \frac{3}{4}}$ $\frac{8 \cdot 3}{9 \cdot 4}$ m $= \frac{24}{36}$ m

$\frac{8}{9 \cdot 4}$ m

d) $\frac{4}{7}$ von $\frac{5}{6}$ dm

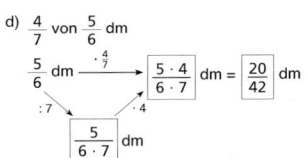

$\frac{5}{6}$ dm $\xrightarrow{\cdot \frac{4}{7}}$ $\frac{5 \cdot 4}{6 \cdot 7}$ dm $= \frac{20}{42}$ dm

$\frac{5}{6 \cdot 7}$ dm

26

---

22   Multiplikation von Brüchen 1 $\frac{2}{3} \cdot \frac{1}{2}$

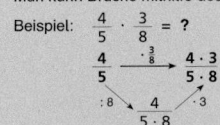

Man kann Brüche mithilfe des Operatormodells mal nehmen.

Beispiel: $\frac{4}{5} \cdot \frac{3}{8} = ?$

$\frac{4}{5} \xrightarrow{\cdot \frac{3}{8}} \frac{4 \cdot 3}{5 \cdot 8}$

$\xdownarrow{: 8} \frac{4}{5 \cdot 8} \nearrow \cdot 3$

Der Rechenweg ohne Zwischenschritte ist schneller:
Zähler mal **Zähler** und **Nenner** mal **Nenner**.

$\frac{4}{5} \cdot \frac{3}{8} = \frac{4 \cdot 3}{5 \cdot 8} = \frac{12}{40} = \frac{3}{10}$

❶ Berechne.
Kürze das Ergebnis und schreibe es als gemischte Zahl, wenn möglich.

a)
$\frac{4}{5} \cdot \frac{2}{3} = \frac{4 \cdot 2}{5 \cdot 3} = \frac{8}{15}$
$\frac{1}{4} \cdot \frac{1}{3} = \frac{1 \cdot 1}{4 \cdot 3} = \frac{1}{12}$
$\frac{2}{7} \cdot \frac{4}{9} = \frac{2 \cdot 4}{7 \cdot 9} = \frac{8}{63}$

b)
$\frac{5}{6} \cdot \frac{4}{3} = \frac{5 \cdot 4}{6 \cdot 3} = \frac{20}{18} = \frac{10}{9} = 1\frac{1}{9}$
$\frac{7}{8} \cdot \frac{2}{5} = \frac{7 \cdot 2}{8 \cdot 5} = \frac{14}{40} = \frac{7}{20}$
$\frac{11}{8} \cdot \frac{3}{5} = \frac{11 \cdot 3}{8 \cdot 5} = \frac{33}{40}$

c)
$\frac{7}{6} \cdot \frac{5}{8} = \frac{7 \cdot 5}{6 \cdot 8} = \frac{35}{48}$
$\frac{3}{9} \cdot \frac{1}{11} = \frac{3 \cdot 1}{9 \cdot 11} = \frac{3}{99} = \frac{1}{33}$
$\frac{4}{6} \cdot \frac{9}{8} = \frac{4 \cdot 9}{6 \cdot 8} = \frac{36}{48} = \frac{3}{4}$

d)
$\frac{6}{4} \cdot \frac{7}{5} = \frac{6 \cdot 7}{4 \cdot 5} = \frac{42}{20} = \frac{21}{10} = 2\frac{1}{10}$
$\frac{9}{5} \cdot \frac{1}{12} = \frac{9 \cdot 1}{5 \cdot 12} = \frac{9}{60} = \frac{3}{20}$
$\frac{13}{10} \cdot \frac{3}{6} = \frac{13 \cdot 3}{10 \cdot 6} = \frac{39}{60} = \frac{13}{20}$

❷ Schreibe als Mal-Aufgabe und berechne!

„von" heißt hier „mal"

a) $\frac{2}{3}$ von $\frac{1}{2}$ kg $= \frac{1}{2}$ kg $\cdot \frac{2}{3} = \frac{1 \cdot 2}{2 \cdot 3}$ kg $= \frac{2}{6}$ kg $= \frac{1}{3}$ kg

b) $\frac{4}{3}$ von $\frac{2}{3}$ l $= \frac{2}{3}$ l $\cdot \frac{4}{3} = \frac{2 \cdot 4}{3 \cdot 3}$ l $= \frac{8}{9}$ l

c) $\frac{1}{6}$ von $\frac{1}{8}$ m $= \frac{1}{8}$ m $\cdot \frac{1}{6} = \frac{1 \cdot 1}{8 \cdot 6}$ m $= \frac{1}{48}$ m

d) $\frac{3}{4}$ von $\frac{8}{9}$ mm $= \frac{8}{9}$ mm $\cdot \frac{3}{4} = \frac{8 \cdot 3}{9 \cdot 4}$ mm $= \frac{24}{36}$ mm $= \frac{2}{3}$ mm

e) $\frac{4}{5}$ von $\frac{7}{10}$ dm $= \frac{7}{10}$ dm $\cdot \frac{4}{5} = \frac{7 \cdot 4}{10 \cdot 5}$ dm $= \frac{28}{50}$ dm $= \frac{14}{25}$ dm

   27

---

23   Multiplikation von Brüchen 2 $\frac{2}{3} \cdot \frac{1}{2}$

❶ Berechne die fehlenden Felder in der Tabelle.

a)

·	$\frac{1}{4}$	$\frac{2}{3}$	$\frac{3}{7}$
$\frac{2}{5}$	$\frac{2}{20} = \frac{1}{10}$	$\frac{4}{15}$	$\frac{6}{35}$
$\frac{6}{11}$	$\frac{6}{44} = \frac{3}{22}$	$\frac{12}{33} = \frac{4}{11}$	$\frac{18}{77}$
$\frac{8}{9}$	$\frac{8}{36} = \frac{2}{9}$	$\frac{16}{27}$	$\frac{24}{63} = \frac{8}{21}$

b)

·	$\frac{7}{9}$	$\frac{8}{11}$	$\frac{5}{6}$
$\frac{8}{9}$	$\frac{56}{81}$	$\frac{64}{99}$	$\frac{20}{27}$
$\frac{6}{10}$	$\frac{7}{15}$	$\frac{24}{55}$	$\frac{1}{2}$
$\frac{3}{7}$	$\frac{1}{3}$	$\frac{24}{77}$	$\frac{5}{14}$

❷ Eine $\frac{3}{4}$ l-Flasche Apfelsaft ist zu $\frac{5}{6}$ gefüllt.
Wie viel Liter Apfelsaft sind noch in der Flasche?

Rechnung: $\frac{5}{6}$ von $\frac{3}{4}$ l $= \frac{5}{6} \cdot \frac{3}{4}$ l $= \frac{15}{24}$ l $= \frac{5}{8}$ l

Antwort: In der Flasche sind noch $\frac{5}{8}$ l Apfelsaft.

❸ Berechne. Kürze schon vor dem Ausrechnen.
Schreibe als gemischte Zahl, wenn möglich.

Beispiel: $\frac{3}{\cancel{6}_{2}} \cdot \frac{\cancel{12}^{2}}{5} = \frac{3 \cdot 2}{1 \cdot 5} = \frac{6}{5} = 1\frac{1}{5}$

a) $\frac{7}{\cancel{5}} \cdot \frac{\cancel{5}^{1}}{3} = \frac{7}{3} = 2\frac{1}{3}$

$\frac{4}{5} \cdot \frac{8}{7} = \frac{32}{35}$

$\frac{\cancel{8}^{1}}{\cancel{9}_{1}} \cdot \frac{\cancel{9}^{1}}{\cancel{8}_{1}} = 1$

b) $\frac{3}{\cancel{4}_{1}} \cdot \frac{\cancel{8}^{2}}{7} = \frac{6}{7}$

$\frac{7}{\cancel{8}_{4}} \cdot \frac{\cancel{2}^{1}}{3} = \frac{7}{12}$

$\frac{\cancel{2}^{1}}{\cancel{3}_{1}} \cdot \frac{\cancel{3}^{1}}{\cancel{2}_{1}} = 1$

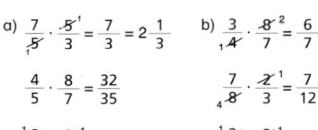

28

---

24   Multiplikation von Brüchen 3 $\frac{2}{3} \cdot \frac{1}{2}$

Gemischte Zahlen werden zuerst in Brüche umgewandelt.

Beispiel: $5\frac{3}{4} \cdot \frac{1}{2} = \frac{23}{4} \cdot \frac{1}{2} = \frac{23}{8} = 2\frac{7}{8}$

❶ Berechne wie im Beispiel.

a)
$1\frac{2}{5} \cdot \frac{4}{7} = \frac{7}{5} \cdot \frac{4}{7} = \frac{4}{5}$

$2\frac{1}{7} \cdot \frac{2}{3} = \frac{15}{7} \cdot \frac{2}{3} = \frac{10}{7} = 1\frac{3}{7}$

$4\frac{2}{3} \cdot \frac{1}{9} = \frac{14}{3} \cdot \frac{1}{9} = \frac{14}{27}$

$\frac{5}{6} \cdot 1\frac{1}{3} = \frac{5}{6} \cdot \frac{4}{3} = \frac{10}{9} = 1\frac{1}{9}$

b)
$\frac{2}{3} \cdot 6\frac{2}{5} = \frac{2}{3} \cdot \frac{32}{5} = \frac{64}{15} = 4\frac{4}{15}$

$7\frac{1}{2} \cdot \frac{3}{4} = \frac{15}{2} \cdot \frac{3}{4} = \frac{45}{8} = 5\frac{5}{8}$

$\frac{7}{9} \cdot 3\frac{2}{3} = \frac{7}{9} \cdot \frac{11}{3} = \frac{77}{27} = 2\frac{23}{27}$

$2\frac{8}{11} \cdot \frac{2}{4} = \frac{30}{11} \cdot \frac{2}{4} = \frac{30}{22} = 1\frac{8}{22} = 1\frac{4}{11}$

❷ Eine große Gärtnerei besitzt $2\frac{1}{3}$ Hektar Land.
Diese Fläche wird zu $\frac{1}{8}$ für die Rosenschule
verwendet, zu $\frac{3}{5}$ für die Baumschule und zu
$\frac{1}{7}$ für Sträucher. Der Rest ist ungenutzt.

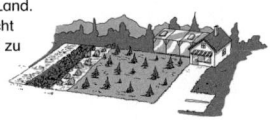

Wie viel Hektar verwendet die Gärtnerei

a) für die Rosenzucht?

Rechnung: $\frac{1}{8}$ von $2\frac{1}{3}$ ha $= \frac{1}{8} \cdot \frac{7}{3}$ ha $= \frac{7}{24}$ ha

Antwort: Für die Rosenzucht verwendet die Gärtnerei $\frac{7}{24}$ ha.

b) für die Baumschule?

Rechnung: $\frac{3}{5}$ von $2\frac{1}{3}$ ha $= \frac{3}{5} \cdot \frac{7}{3}$ ha $= \frac{7}{5}$ ha $= 1\frac{2}{5}$ ha

Antwort: Für die Baumschule verwendet die Gärtnerei $1\frac{2}{5}$ ha ($\frac{7}{5}$ ha).

c) für die Sträucher?

Rechnung: $\frac{1}{7}$ von $2\frac{1}{3}$ ha $= \frac{1}{7} \cdot \frac{7}{3}$ ha $= \frac{1}{3}$ ha

Antwort: Für die Sträucher verwendet die Gärtnerei $\frac{1}{3}$ ha.

   29

Lösungen

---

❶ Amina und Justin möchten um die Wette rechnen.

Sie lösen beide die Aufgabe: $\frac{5}{6} \cdot \frac{24}{35}$

Justin rechnet: $\frac{5}{6} \cdot \frac{24}{35} = \frac{5 \cdot 24}{6 \cdot 35} = \frac{?}{?}$

Diese Mal-Aufgaben sind zu schwierig.
Wie kann Amina die Aufgabe leichter und schneller lösen?

Rechnung: $\frac{\overset{1}{\cancel{5}}}{\underset{1}{\cancel{6}}} \cdot \frac{\overset{4}{\cancel{24}}}{\underset{7}{\cancel{35}}} = \frac{1}{1} \cdot \frac{4}{7} = \frac{4}{7}$ Amina kürzt <u>vor</u> dem Ausrechnen.

> Kürze schon vor dem Ausrechnen. So wird das Rechnen einfacher.
> Beispiel: $\frac{5}{12} \cdot \frac{8}{15} = \frac{\overset{1}{\cancel{5}}}{\underset{3}{\cancel{12}}} \cdot \frac{\overset{2}{\cancel{8}}}{\underset{3}{\cancel{15}}} = \frac{1}{3} \cdot \frac{2}{3} = \frac{2}{9}$
> Manchmal kannst du vor dem Ausrechnen sogar zweimal kürzen.

❷ Berechne wie im Beispiel.

a) $\frac{\overset{1}{\cancel{5}}}{\underset{2}{\cancel{14}}} \cdot \frac{\overset{1}{\cancel{7}}}{\underset{2}{\cancel{10}}} = \frac{1}{2} \cdot \frac{1}{2} = \frac{1}{4}$

$\frac{\overset{2}{\cancel{28}}}{\underset{5}{\cancel{15}}} \cdot \frac{\overset{1}{\cancel{3}}}{\underset{4}{\cancel{4}}} = \frac{2}{5} \cdot \frac{1}{1} = \frac{2}{5}$

$\frac{\overset{1}{\cancel{12}}}{\underset{1}{\cancel{17}}} \cdot \frac{\overset{2}{\cancel{34}}}{\underset{5}{\cancel{60}}} = \frac{1}{1} \cdot \frac{2}{5} = \frac{2}{5}$

$\frac{\overset{1}{\cancel{16}}}{\underset{5}{\cancel{45}}} \cdot \frac{\overset{1}{\cancel{9}}}{\underset{4}{\cancel{64}}} = \frac{1}{5} \cdot \frac{1}{4} = \frac{1}{20}$

b) $2\frac{2}{7} \cdot \frac{28}{40} = \frac{\overset{2}{\cancel{16}}}{\cancel{7}} \cdot \frac{\overset{4}{\cancel{28}}}{\underset{5}{\cancel{40}}} = \frac{2}{1} \cdot \frac{4}{5} = \frac{8}{5} = 1\frac{3}{5}$

$\frac{4}{7} \cdot 3\frac{1}{8} = \frac{\overset{1}{\cancel{4}}}{\underset{1}{\cancel{7}}} \cdot \frac{\overset{5}{\cancel{25}}}{\underset{2}{\cancel{8}}} = \frac{1}{2} \cdot \frac{5}{2} = \frac{5}{2} = 2\frac{1}{2}$

$\frac{\overset{1}{\cancel{11}}}{\underset{4}{\cancel{20}}} \cdot \frac{\overset{3}{\cancel{15}}}{\underset{2}{\cancel{22}}} = \frac{1}{4} \cdot \frac{3}{2} = \frac{3}{8}$

$6\frac{6}{7} \cdot \frac{7}{40} = \frac{\overset{6}{\cancel{48}}}{\cancel{7}} \cdot \frac{\overset{1}{\cancel{7}}}{\underset{5}{\cancel{40}}} = \frac{6}{1} \cdot \frac{1}{5} = \frac{6}{5} = 1\frac{1}{5}$

❸ Kreuze die richtige Antwort an. Vergiss das Kürzen nicht!

a) $\frac{16}{11} \cdot \frac{5}{8} =$

☐ $\frac{8}{11}$
☐ $\frac{10}{1}$
☒ $\frac{10}{11}$

b) $\frac{11}{10} \cdot \frac{5}{33} =$

☒ $\frac{1}{6}$
☐ $\frac{55}{33}$
☐ $\frac{5}{330}$

c) $3\frac{1}{5} \cdot \frac{3}{8} =$

☐ $\frac{6}{40}$
☐ $\frac{7}{5}$
☒ $1\frac{1}{5}$

d) $\frac{4}{5} \cdot 4\frac{3}{8} =$

☐ $\frac{7}{10}$
☒ $3\frac{1}{2}$
☐ $4\frac{1}{2}$

---

❶ Ergänze die Rechenpyramide. Nimm dazu immer zwei nebeneinander stehende Brüche mal. Kürze alle Ergebnisse.

a)
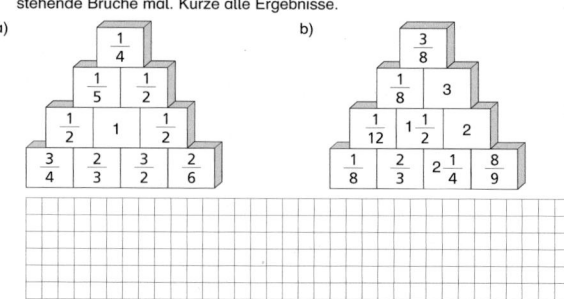

b)

❷ Berechne. Wie viel sind

| "von" heißt hier „mal" |

a) $\frac{1}{3}$ von $1\frac{1}{3}$ Liter?
Antwort: Das sind $\frac{4}{9}$ Liter.

b) $\frac{5}{6}$ von $3\frac{6}{10}$ Kilogramm?
Antwort: Das sind 3 Kilogramm.

c) $\frac{2}{3}$ von einer $\frac{3}{4}$ Stunde?
Antwort: Das ist $\frac{1}{2}$ Stunde.

❸ Mach zuerst einen Überschlag mit natürlichen Zahlen. Berechne dann das genaue Ergebnis.

Genaue Rechnung:

a) $8\frac{2}{5} \cdot 2\frac{2}{9} = \underline{18\frac{2}{3}}$ Ü: $8 \cdot 2 = 16$

b) $2\frac{1}{10} \cdot 2\frac{6}{7} = \underline{6}$ Ü: $2 \cdot 3 = 6$

c) $3\frac{3}{4} \cdot 2\frac{1}{5} = \underline{8\frac{1}{4}}$ Ü: $4 \cdot 2 = 8$

---

❶ Schreibe als Mal-Aufgabe und berechne.

a)
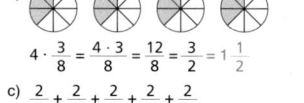

$4 \cdot \frac{3}{8} = \frac{4 \cdot 3}{8} = \frac{12}{8} = \frac{3}{2} = 1\frac{1}{2}$

b)
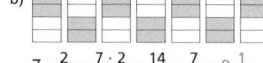

$7 \cdot \frac{2}{4} = \frac{7 \cdot 2}{4} = \frac{14}{4} = \frac{7}{2} = 3\frac{1}{2}$

c) $\frac{2}{7} + \frac{2}{7} + \frac{2}{7} + \frac{2}{7} + \frac{2}{7}$

$5 \cdot \frac{2}{7} = \frac{5 \cdot 2}{7} = \frac{10}{7} = 1\frac{3}{7}$

d) $\frac{4}{11} + \frac{4}{11} + \frac{4}{11}$

$3 \cdot \frac{4}{11} = \frac{3 \cdot 4}{11} = \frac{12}{11} = 1\frac{1}{11}$

e) $\frac{5}{8}$ von 7 km

$\frac{5}{8} \cdot 7 \text{ km} = \frac{5 \cdot 7}{8} \text{ km} = \frac{35}{8} \text{ km} = 4\frac{3}{8} \text{ km}$

f) $\frac{6}{11}$ von 8 l

$\frac{6}{11} \cdot 8 \text{ l} = \frac{6 \cdot 8}{11} \text{ l} = \frac{48}{11} \text{ l} = 4\frac{4}{11} \text{ l}$

❷ Berechne. Schreibe das Ergebnis als gemischte Zahl, wenn möglich.

a) $4 \cdot \frac{7}{9} = \frac{28}{9} = 3\frac{1}{9}$

$\frac{5}{11} \cdot 6 = \frac{30}{11} = 2\frac{8}{11}$

$\frac{7}{9} \cdot \frac{1}{2} = \frac{7}{18}$

$\frac{1}{6} \cdot \frac{2}{9} = \frac{2}{54} = \frac{1}{27}$

b) $\frac{6}{7} \cdot \frac{9}{5} = \frac{54}{35} = 1\frac{19}{35}$

$\frac{1}{2} \cdot \frac{15}{7} = \frac{15}{14} = 1\frac{1}{14}$

$7 \cdot \frac{1}{2} = \frac{7}{2} = 3\frac{1}{2}$

$\frac{6}{5} \cdot 5 = \frac{30}{5} = 4\frac{2}{7}$

c) $10 \cdot \frac{3}{7} = \frac{30}{7} = 4\frac{2}{7}$

$\frac{4}{3} \cdot \frac{5}{3} = \frac{20}{9} = \frac{10}{9} = 1\frac{1}{9}$

$\frac{9}{11} \cdot 8 = \frac{72}{11} = 6\frac{6}{11}$

$\frac{3}{16} \cdot \frac{9}{2} = \frac{27}{32}$

❸ In einen großen Trinkbecher passen $\frac{2}{3}$ Liter Orangen-limonade. Wie viel Liter Orangenlimonade passen in 4 solche Trinkbecher?

Rechnung: $4 \cdot \frac{2}{3} \text{ l} = \frac{4 \cdot 2}{3} \text{ l} = \frac{8}{3} \text{ l} = 2\frac{2}{3} \text{ l}$

Antwort: In 4 Trinkbecher passen $2\frac{2}{3}$ l Orangenlimonade.

❹ Berechne.

a) $\frac{2}{5}$ von $\frac{3}{4}$

$\frac{2}{5} \cdot \frac{3}{4} = \frac{3}{10}$

b) $\frac{3}{7}$ von $\frac{1}{2}$

$\frac{3}{7} \cdot \frac{1}{2} = \frac{3}{14}$

c) $\frac{1}{8}$ von $\frac{4}{5}$

$\frac{1}{8} \cdot \frac{4}{5} = \frac{1}{10}$

d) $\frac{1}{6}$ von $\frac{7}{10}$

$\frac{1}{6} \cdot \frac{7}{10} = \frac{7}{60}$

e) $\frac{3}{5}$ von $\frac{3}{4}$

$\frac{3}{5} \cdot \frac{3}{4} = \frac{9}{20}$

f) $\frac{5}{6}$ von $\frac{7}{11}$

$\frac{5}{6} \cdot \frac{7}{11} = \frac{35}{66}$

g) Welche Regel hast du hier verwendet?

„von" heißt hier „mal"

---

❶ Vervierfache („**4** ·"…) die Brüche $\frac{3}{7}, \frac{11}{13}, 2\frac{1}{3}, \frac{5}{9}, 1\frac{3}{7}$.

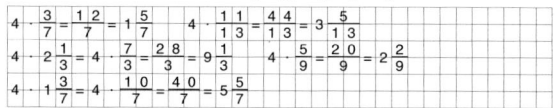

$4 \cdot \frac{3}{7} = \frac{12}{7} = 1\frac{5}{7}$ $4 \cdot \frac{11}{13} = \frac{44}{13} = 3\frac{5}{13}$

$4 \cdot 2\frac{1}{3} = 4 \cdot \frac{7}{3} = \frac{28}{3} = 9\frac{1}{3}$ $4 \cdot \frac{5}{9} = \frac{20}{9} = 2\frac{2}{9}$

$4 \cdot 1\frac{3}{7} = 4 \cdot \frac{10}{7} = \frac{40}{7} = 5\frac{5}{7}$

❷ Bauer Düllmann nutzt $\frac{4}{5}$ ha seines Landes für den Pflanzenanbau. Davon hat er $\frac{7}{20}$ mit Blumen und $\frac{5}{8}$ mit Kartoffeln bepflanzt. Wie viel Hektar Kartoffeln sind das? Wie viel Hektar Blumen sind das?

Rechnung: $\frac{7}{20} \cdot \frac{4}{5} \text{ ha} = \frac{7 \cdot 4}{20 \cdot 5} \text{ ha} = \frac{7}{25} \text{ ha}$ (Blumen)

$\frac{5}{8} \cdot \frac{4}{5} \text{ ha} = \frac{5 \cdot 4}{8 \cdot 5} \text{ ha} = \frac{1}{2} \text{ ha}$ (Kartoffeln)

Antwort: Es sind $\frac{7}{25}$ Hektar Blumen und $\frac{1}{2}$ Hektar Kartoffeln.

❸ Berechne die Schlangenaufgaben. Kürze, wenn es möglich ist.

a)
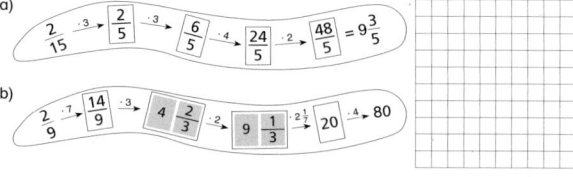

b)

❹ Berechne die freien Felder. Nimm dazu die jeweils nebeneinander stehenden Brüche mal. Kürze alle Ergebnisse.

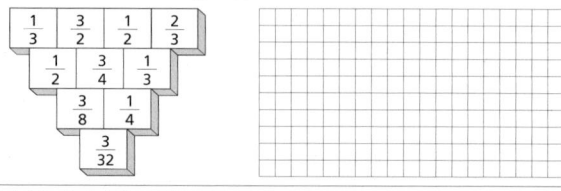

K. Becker/A. Fingerhut: Bruchrechnung in kleinen Schritten – Band 3
© Persen Verlag

Lösungen

29 · Vermischte Übungen: Multiplikation 3 — $\frac{2}{3} \cdot \frac{1}{2}$

❶ Berechne und kürze vor dem Ausrechnen.

a)
$\frac{2\cancel{6}}{7} \cdot \frac{4}{\cancel{9}_3} = \frac{8}{21}$

$\frac{1\cancel{3}}{1\cancel{4}} \cdot \frac{8^2}{1\cancel{5}_5} = \frac{2}{5}$

$\frac{1\cancel{5}}{1\cancel{6}} \cdot \frac{\cancel{6}^1}{1\cancel{0}_2} = \frac{1}{2}$

$\frac{3\cancel{6}}{8} \cdot \frac{3}{\cancel{4}_2} = \frac{9}{16}$

b)
$\frac{1\cancel{7}}{1\cancel{8}} \cdot \frac{\cancel{16}^2}{2\cancel{1}_3} = \frac{2}{3}$

$\frac{7\cancel{49}}{4\cancel{32}} \cdot \frac{24^3}{3\cancel{5}_5} = \frac{21}{20} = 1\frac{1}{20}$

$\frac{2\cancel{12}}{7} \cdot \frac{5}{1\cancel{8}_3} = \frac{10}{21}$

$\frac{3\cancel{15}}{7\cancel{28}} \cdot \frac{20^5}{3\cancel{5}_7} = \frac{15}{49}$

❷ Berechne.

$\cdot$	$\frac{9}{11}$	$1\frac{1}{4}$	$\frac{5}{6}$
6	$\frac{9}{11} \cdot 6 = 4\frac{10}{11}$	$1\frac{1}{4} \cdot 6 = 7\frac{1}{2}$	$\frac{5}{6} \cdot 6 = 5$
$\frac{1}{2}$	$\frac{9}{11} \cdot \frac{1}{2} = \frac{9}{22}$	$1\frac{1}{4} \cdot \frac{1}{2} = \frac{5}{8}$	$\frac{5}{6} \cdot \frac{1}{2} = \frac{5}{12}$
$\frac{7}{4}$	$\frac{9}{11} \cdot \frac{7}{4} = 1\frac{9}{44}$	$1\frac{1}{4} \cdot \frac{7}{4} = 2\frac{3}{16}$	$\frac{5}{6} \cdot \frac{7}{4} = 1\frac{11}{24}$

❸ Jutta hat 7 Kinder zu ihrem Geburtstag eingeladen. Jeder ihrer Gäste trinkt ca. $\frac{8}{9}$ Liter Saft an diesem Tag. Reichen 8 Liter Saft aus, um den Durst von allen Gästen zu stillen?

Rechnung: $7 \cdot \frac{8}{9}\,l = \frac{7 \cdot 8}{9}\,l = \frac{56}{9}\,l = 6\frac{2}{9}\,l$

Antwort: 8 Liter Saft reichen aus, um den Durst von allen zu stillen.

❹ Setze die passenden Zahlen ein.

a) $\frac{5}{8} \cdot \frac{5}{4} = \frac{25}{32}$

$\frac{24}{32} \cdot 2 = \frac{48}{32}$

$\frac{7}{3} \cdot \frac{9}{8} = \frac{63}{24}$

b) $\frac{3}{6} \cdot \frac{7}{8} = \frac{21}{48}$

$5 \cdot \frac{11}{12} = \frac{55}{12}$

$\frac{3}{4} \cdot \frac{11}{12} = \frac{33}{48}$

c) $\frac{4}{4} \cdot \frac{3}{5} = \frac{12}{20}$

$\frac{4}{5} \cdot \frac{2}{7} = \frac{8}{35}$

$\frac{5}{6} \cdot \frac{6}{7} = \frac{30}{42}$

30 · Einführung: Division von Brüchen durch ganze Zahlen — $\frac{3}{4} : \frac{1}{2}$

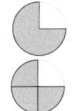

Lukas und seine beiden Brüder wollen sich eine $\frac{3}{4}$ Pizza teilen. Wie viel bekommt jeder?

Sie schneiden die Pizza in 3 Teile und sehen, dass jeder $\frac{1}{4}$ bekommt.

Sie können auch geteilt rechnen: $\frac{3}{4} : 3 = \frac{3}{4 \cdot 3} = \frac{3}{12} = \frac{1}{4}$ (kürzen)

Beim Teilen eines Bruches durch eine ganze Zahl nimmt man den Nenner mit der ganzen Zahl mal. Der Zähler bleibt gleich.

$\frac{6}{7} : 3 = \frac{6}{7 \cdot 3} = \frac{6}{21} = \frac{2}{7}$ (kürzen) Anschließend kann man kürzen.

❶ Löse die Aufgaben. Rechne geteilt und zeichne.

a) $\frac{2}{3} : 2 = \frac{2}{3 \cdot 2} = \frac{2}{6} = \frac{1}{3}$

b) $\frac{8}{9} : 4 = \frac{8}{9 \cdot 4} = \frac{8}{36} = \frac{2}{9}$

c) $\frac{3}{4} : 2 = \frac{3}{4 \cdot 2} = \frac{3}{8}$

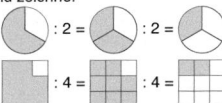
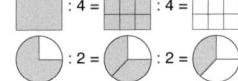

❷ Berechne und kürze, wenn möglich.

a) $\frac{4}{6} : 2 = \frac{4}{6 \cdot 2} = \frac{4}{12} = \frac{1}{3}$

$\frac{8}{15} : 4 = \frac{8}{15 \cdot 4} = \frac{8}{60} = \frac{2}{15}$

$\frac{3}{5} : 6 = \frac{3}{5 \cdot 6} = \frac{3}{30} = \frac{1}{10}$

b) $\frac{7}{9} : 3 = \frac{7}{9 \cdot 3} = \frac{7}{27}$

$\frac{6}{9} : 3 = \frac{6}{9 \cdot 3} = \frac{6}{27} = \frac{2}{9}$

$\frac{12}{17} : 9 = \frac{12}{17 \cdot 9} = \frac{12}{153} = \frac{4}{51}$

❸ Max und Anna teilen sich $\frac{6}{7}$ Liter Milch. Wie viel bekommt jeder?

Rechnung: $\frac{6}{7}\,l : 2 = \frac{6}{7 \cdot 2} = \frac{6}{14}\,l = \frac{3}{7}\,l$

Antwort: Jeder bekommt $\frac{3}{7}$ Liter Milch.

31 · Division von Brüchen durch ganze Zahlen 1 — $\frac{3}{4} : \frac{1}{2}$

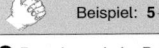

Gemischte Zahlen werden zuerst in Brüche umgewandelt.

Beispiel: $5\frac{1}{3} : 4 = \frac{16}{3} : 4 = \frac{16}{3 \cdot 4} = \frac{16}{12} = \frac{4}{3} = 1\frac{1}{3}$

❶ Berechne wie im Beispiel. Kürze, wenn möglich.

a) $1\frac{1}{3} : 2 = \frac{4}{3} : 2 = \frac{4}{3 \cdot 2} = \frac{4}{6} = \frac{2}{3}$

b) $2\frac{3}{8} : 3 = \frac{19}{8} : 3 = \frac{19}{8 \cdot 3} = \frac{19}{24}$

c) $3\frac{4}{5} : 6 = \frac{19}{5} : 6 = \frac{19}{5 \cdot 6} = \frac{19}{30}$

d) $5\frac{9}{11} : 4 = \frac{64}{11} : 4 = \frac{64}{11 \cdot 4} = \frac{64}{44} = \frac{16}{11} = 1\frac{5}{11}$

e) $9\frac{3}{7} : 2 = \frac{66}{7} : 2 = \frac{66}{7 \cdot 2} = \frac{66}{14} = \frac{33}{7} = 4\frac{5}{7}$

f) $2\frac{3}{7} : 7 = \frac{17}{7} : 7 = \frac{17}{7 \cdot 7} = \frac{17}{49}$

❷ Anna möchte $2\frac{3}{4}$ l Saft gleichmäßig auf 7 Gäste verteilen. Wie viel Saft kommt in jedes Glas?

Rechnung: $2\frac{3}{4}\,l : 7 = \frac{11}{4}\,l : 7 = \frac{11}{4 \cdot 7}\,l = \frac{11}{28}\,l$

Antwort: In jedes Glas kommen $\frac{11}{28}$ l Saft.

❸ Löse die Aufgaben und schreibe das Ergebnis in gemischter Schreibweise.

$:5$	$1\frac{1}{4}$	$8\frac{5}{9}$	$4\frac{7}{11}$	5	6
$:5$	$1\frac{1}{4} : 5 = \frac{5}{4} : 5 = \frac{1}{4}$	$8\frac{5}{9} : 5 = \frac{77}{9} : 5 = \frac{77}{45} = 1\frac{32}{45}$	$4\frac{7}{11} : 5 = \frac{51}{11} : 5 = \frac{51}{55}$	$5 : 5 = \frac{5}{5} = 1$	$6 : 5 = \frac{6}{5} = 1\frac{1}{5}$
$:6$	$1\frac{1}{4} : 6 = \frac{5}{4} : 6 = \frac{5}{24}$	$8\frac{5}{9} : 6 = \frac{77}{9} : 6 = \frac{77}{54} = 1\frac{23}{54}$	$4\frac{7}{11} : 6 = \frac{51}{11} : 6 = \frac{51}{66} = \frac{17}{22}$		

❹ Marcel, Artjom und Sara wollen aus einem $2\frac{1}{7}$ m langen Brett 3 gleich große Holzschwerter basteln. Wie lang wird jedes Schwert?

Rechnung: $2\frac{1}{7}\,m : 3 = \frac{15}{7}\,m : 3 = \frac{15}{7 \cdot 3}\,m = \frac{5}{7}\,m$

Antwort: Jedes Schwert wird $\frac{5}{7}$ m lang.

❺ Löse die Aufgaben. Achte auf die Einheiten.

a) $1\frac{3}{4}\,t : 7 = \frac{7}{4}\,t : 7 = \frac{1}{4}\,t$

b) $5\frac{2}{9}\,m : 3 = \frac{47}{9}\,m : 3 = \frac{47}{27}\,m$

c) $2\frac{2}{3}\,min : 4 = \frac{8}{3}\,min : 4 = \frac{2}{3}\,min$

d) $6\frac{4}{5}\,l : 2 = \frac{34}{5}\,l : 2 = \frac{17}{5}\,l$

e) $12\frac{4}{7}\,kg : 8 = \frac{88}{7}\,kg : 8 = \frac{11}{7}\,kg$

f) $33\frac{1}{3}\,cm : 10 = \frac{100}{3}\,cm : 10 = \frac{10}{3}\,cm$

32 · Division von Brüchen durch ganze Zahlen 2 — $\frac{3}{4} : \frac{1}{2}$

❶ Setze richtig ein: Zähler, Nenner, gleich.

Will man einen Bruch durch eine ganze Zahl teilen, so nimmt man den Nenner mit der ganzen Zahl mal und der Zähler bleibt gleich.

❷ Durch welche Zahl wurde geteilt? Fülle die Lücken aus.

a) $\frac{7}{4} : 4 = \frac{7}{16}$

b) $\frac{29}{48} : 2 = \frac{29}{96}$

c) $\frac{5}{81} : 5 = \frac{1}{81}$

d) $\frac{21}{11} : 3 = \frac{7}{11}$

e) $\frac{14}{23} : 2 = \frac{7}{23}$

f) $\frac{9}{4} : 12 = \frac{3}{16}$

❸ Leyla teilt $1\frac{5}{7}$ Tafeln Schokolade unter sich und ihren 2 Geschwistern auf.

Frage: Wie viel Schokolade bekommt jedes Kind?

Rechnung: $1\frac{5}{7} : 3 = \frac{12}{7} : 3 = \frac{12}{7 \cdot 3} = \frac{12}{21} = \frac{4}{7}$

Antwort: Jedes Kind bekommt $\frac{4}{7}$ Tafel Schokolade.

❹ Setze die fehlenden Zahlen ein.

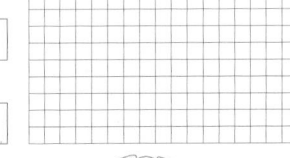

$10\frac{4}{5} \xrightarrow{:3} \frac{18}{5} \xrightarrow{:2} \frac{9}{5}$

$\frac{1}{100} \xleftarrow{:5} \frac{1}{20} \xleftarrow{:9} \frac{9}{20}$ ($\downarrow :4$)

❺ Drei Elefanten sind zusammen $5\frac{1}{4}$ t schwer. Die Elefanten sind ungefähr gleich schwer.

Frage: Wie viel Tonnen wiegt ein Elefant?

Rechnung: $5\frac{1}{4}\,t : 3 = \frac{21}{4}\,t : 3 = \frac{21}{12}\,t = \frac{7}{4}\,t = 1\frac{3}{4}\,t$

Antwort: Ein Elefant wiegt $1\frac{3}{4}$ Tonnen.

❻ Nils isst $1\frac{3}{4}$ Tüten Chips in 2 Tagen. Er isst $\frac{7}{8}$ Tüten pro Tag.

Rechnung: $1\frac{3}{4} : 2 = \frac{7}{4} : 2 = \frac{7}{4 \cdot 2} = \frac{7}{8}$

Lösungen

---

(33) Einführung: Division von ganzen Zahlen durch Brüche $\frac{3}{4} : \frac{1}{2}$

Familie Mayer hat ein Brot. Jede Person isst $\frac{1}{4}$ davon. Für wie viele Personen reicht das Brot?

Tobias rechnet: $\frac{1}{4} + \frac{1}{4} + \frac{1}{4} + \frac{1}{4} = 1$

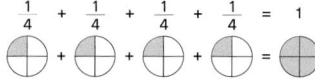

Das Brot reicht für 4 Personen.

Tobias kann auch geteilt rechnen: $1 : \frac{1}{4} = 1 \cdot \frac{4}{1} = \frac{4}{1} = 4$

> Beim Teilen einer Zahl durch einen Bruch nimmt man mit dem **Kehrbruch** mal.
> Den Kehrbruch eines Bruches erhält man, indem man Zähler und Nenner vertauscht.
> Der Kehrbruch von $\frac{1}{4}$ ist $\frac{4}{1}$.
>
> $1 : \frac{1}{4} = 1 \cdot \frac{4}{1} = \frac{4}{1}$

❶ Bilde den Kehrbruch.

a) $\frac{1}{2} \rightarrow \frac{2}{1}$ b) $\frac{5}{3} \rightarrow \frac{3}{5}$ c) $\frac{12}{23} \rightarrow \frac{23}{12}$

$\frac{2}{3} \rightarrow \boxed{\frac{3}{2}}$ $\frac{9}{8} \rightarrow \frac{8}{9}$ $\frac{21}{50} \rightarrow \frac{50}{21}$

$\frac{3}{2} \rightarrow \boxed{\frac{2}{3}}$ $\frac{2}{11} \rightarrow \frac{11}{2}$ $\frac{37}{65} \rightarrow \frac{65}{37}$

❷ Löse die Aufgaben.

a) $1 : \frac{1}{3} = 1 \cdot \frac{3}{1} = \frac{3}{1} = 3$

b) $2 : \frac{1}{4} = 2 \cdot \boxed{\frac{4}{1}} = \boxed{\frac{8}{1}} = 8$

c) $4 : \frac{2}{5} = 4 \cdot \frac{5}{2} = \frac{20}{2} = 10$

d) $6 : \frac{3}{7} = 6 \cdot \frac{7}{3} = \frac{42}{3} = 14$

e) $1 : \frac{5}{9} = 1 \cdot \frac{9}{5} = \frac{9}{5} = 1\frac{4}{5}$

f) $3 : \frac{7}{12} = 3 \cdot \frac{12}{7} = \frac{36}{7} = 5\frac{1}{7}$

❸ Berechne und kürze, wenn möglich.
Die richtigen Ergebnisse findest du rechts.

a) $5 : \frac{4}{7} = 5 \cdot \frac{7}{4} = \frac{35}{4}$

$7 : \frac{2}{8} = 7 \cdot \frac{8}{2} = \frac{56}{2} = 28$

$18 : \frac{1}{3} = 18 \cdot \frac{3}{1} = \frac{54}{1}$

b) $6 : \frac{3}{11} = 6 \cdot \frac{11}{3} = \frac{66}{3} = 22$

$9 : \frac{1}{9} = 9 \cdot \frac{9}{1} = \frac{81}{1}$

$3 : \frac{9}{10} = 3 \cdot \frac{10}{9} = \frac{30}{9} = \frac{10}{3}$

$\frac{10}{3}$ $\frac{28}{1}$ $\frac{81}{1}$ $\frac{35}{4}$ $\frac{22}{1}$ $\frac{54}{1}$

K. Becker/A. Fingerhut: Bruchrechnung in kleinen Schritten – Band 3
© Persen Verlag

---

(34) Division von ganzen Zahlen durch Brüche 1 $\frac{3}{4} : \frac{1}{2}$

❶ Setze richtig ein: Nenner, Vertauschen, Kehrbruch.

Beim Teilen einer Zahl durch einen Bruch wird mit dem Kehrbruch mal genommen. Den Kehrbruch erhält man durch Vertauschen von Nenner und Zähler.

❷ Berechne: Teile 7 durch

a) Drei Viertel $= 9\frac{1}{3}$

b) Fünf Neuntel $= 12\frac{3}{5}$

c) Acht Elftel $= 9\frac{5}{8}$

d) Zwölf Siebtel $= 4\frac{1}{12}$

$7 : \frac{3}{4} =$

❸ Tina will Plätzchen backen. Sie hat 5 kg Mehl.
Für ein Blech benötigt sie $\frac{5}{7}$ kg Mehl.
Wie viele Bleche mit Plätzchen kann Tina backen?

Rechnung: 5 kg $: \frac{5}{7}$ kg $= 5 \cdot \frac{7}{5} = 7$

Antwort: Tina kann 7 Bleche mit Plätzchen backen.

❹ Wurde hier richtig gerechnet? Überprüfe und korrigiere, wenn nötig.

a) $8 : \frac{12}{4} = \frac{8}{3}$ ✓

b) $15 : \frac{7}{2} = \frac{30}{\cancel{6}} 7$

c) $12 : \frac{4}{5} = \frac{48}{\cancel{5}} 15$

d) $2 : \frac{3}{4} = \frac{\cancel{6}}{5} 4$

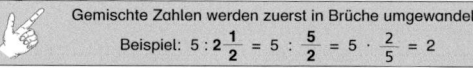
> Gemischte Zahlen werden zuerst in Brüche umgewandelt.
> Beispiel: $5 : 2\frac{1}{2} = 5 : \frac{5}{2} = 5 \cdot \frac{2}{5} = 2$

❺ Berechne wie im Beispiel.

a) $1 : 1\frac{1}{4} = 1 : \frac{5}{4} = \frac{4}{5}$

$3 : 1\frac{2}{9} = 3 : \frac{11}{9} = \frac{27}{11} = 2\frac{5}{11}$

$6 : 2\frac{7}{8} = 6 : \frac{29}{8} = \frac{66}{29} = 2\frac{8}{29}$

b) $10 : 3\frac{4}{5} = 10 : \frac{19}{5} = \frac{50}{19} = 2\frac{12}{19}$

$8 : 2\frac{7}{10} = 8 : \frac{27}{10} = \frac{80}{27} = 2\frac{26}{27}$

$21 : 4\frac{6}{8} = 21 : \frac{38}{8} = \frac{168}{38} = 4\frac{8}{19}$

K. Becker/A. Fingerhut: Bruchrechnung in kleinen Schritten – Band 3
© Persen Verlag

---

(35) Division von ganzen Zahlen durch Brüche 2 $\frac{3}{4} : \frac{1}{2}$

❶ Kathrin hat 3 Liter Bowle gemacht. Wie viele ihrer Gäste können ein Glas Bowle zu $\frac{1}{4}$ Liter trinken?

Rechnung: 3 l $: \frac{1}{4}$ l $= 3 \cdot \frac{4}{1} = 12$

Antwort: 12 Gäste können ein Glas Bowle trinken.

❷ Berechne. Kürze und schreibe in gemischter Schreibweise, wenn möglich.

a) $8 : \frac{4}{5} = 8 \cdot \frac{5}{4} = 10$

$4 : \frac{1}{3} = 4 \cdot \frac{3}{1} = 12$

$22 : \frac{6}{2} = 22 \cdot \frac{2}{6} = \frac{44}{6} = \frac{22}{3} = 7\frac{1}{3}$

$6 : \frac{2}{7} = 6 \cdot \frac{7}{2} = 21$

$45 : 7\frac{9}{10} = 45 \cdot \frac{10}{79} = \frac{450}{79} = 5\frac{55}{79}$

b) $3 : \frac{7}{4} = 3 \cdot \frac{4}{7} = \frac{12}{7} = 1\frac{5}{7}$

$2 : 1\frac{1}{2} = 2 \cdot \frac{2}{3} = \frac{4}{3} = 1\frac{1}{3}$

$16 : \frac{5}{3} = 16 \cdot \frac{3}{5} = \frac{48}{5} = 9\frac{3}{5}$

$31 : 4\frac{1}{4} = 31 \cdot \frac{4}{17} = \frac{124}{17} = 7\frac{5}{17}$

$3 : \frac{9}{2} = 3 \cdot \frac{2}{9} = \frac{6}{9} = \frac{2}{3}$

❸ Für ein Zimmer werden 16 m² Tapete benötigt. Herr Rau kann in einer Stunde $1\frac{1}{3}$ m² tapezieren. Wie lange braucht er, bis er fertig ist?

Rechnung: 16 m² $: 1\frac{1}{3}$ m² $= 16 : \frac{4}{3} = 16 \cdot \frac{3}{4} = 12$

Antwort: Er braucht 12 Stunden, bis er fertig ist.

Wenn sein Sohn ihm hilft, schafft Herr Rau $\frac{6}{3}$ m² pro Stunde.
Wie lange brauchen beide zusammen zum Tapezieren?

Rechnung: 16 m² $: \frac{6}{3}$ m² $= 16 \cdot \frac{3}{6} = \frac{48}{6} = 8$

Antwort: Zusammen brauchen sie 8 Stunden zum Tapezieren.

❹ Teile die 7 durch die Zahlen in den Blütenblättern.

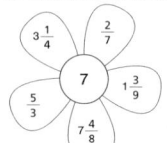
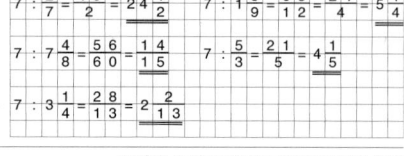

K. Becker/A. Fingerhut: Bruchrechnung in kleinen Schritten – Band 3
© Persen Verlag

---

(36) Einführung: Division von Brüchen $\frac{3}{4} : \frac{1}{2}$

Sabine soll $1\frac{1}{2}$ kg Butter kaufen. Wie viele $\frac{1}{4}$-kg-Pakete sind das?

Sabine rechnet:

$4 \cdot \frac{1}{4}$ kg $= \frac{4}{4}$ kg $= 1$ kg

$5 \cdot \frac{1}{4}$ kg $= \frac{5}{4}$ kg $= 1\frac{1}{4}$ kg

$6 \cdot \frac{1}{4}$ kg $= \frac{6}{4}$ kg $= 1\frac{2}{4}$ kg $= 1\frac{1}{2}$ kg   Es sind 6 Pakete!

Sabine kann auch geteilt rechnen:

$1\frac{1}{2}$ kg $: \frac{1}{4}$ kg $= \frac{6}{4}$ kg $: \frac{1}{4}$ kg $= \frac{6}{4} \cdot \frac{4}{1} = 6$

> Beim Teilen eines Bruches durch einen Bruch nimmt man den ersten Bruch mit dem **Kehrbruch** des zweiten Bruches mal.
>
> $\frac{6}{4} : \frac{1}{4} = \frac{6}{4} \cdot \frac{4}{1} = \frac{6}{1} = 6$

❶ Löse die Aufgaben.

a) $\frac{3}{4} : \frac{1}{2} = \frac{3}{4} \cdot \boxed{\frac{2}{1}} = \boxed{\frac{6}{4}}$

b) $\frac{7}{9} : \frac{2}{3} = \frac{7}{9} \cdot \boxed{\frac{3}{2}} = \boxed{\frac{21}{18}}$

c) $\frac{4}{5} : \frac{3}{4} = \frac{4}{5} \cdot \frac{4}{3} = \frac{16}{15}$

d) $\frac{6}{8} : \frac{1}{5} = \frac{6}{8} \cdot \frac{5}{1} = \frac{30}{8}$

e) $\frac{10}{11} : \frac{2}{6} = \frac{10}{11} \cdot \frac{6}{2} = \frac{60}{22}$

f) $\frac{9}{13} : \frac{3}{7} = \frac{9}{13} \cdot \frac{7}{3} = \frac{63}{39}$

❷ Der Kioskbesitzer Herr Galanis hat $\frac{6}{7}$ kg Süßigkeiten. Er will Tüten zu je $\frac{1}{14}$ kg machen. Wie viele Tüten kann er füllen? Kürze das Ergebnis.

Rechnung: $\frac{6}{7}$ kg $: \frac{1}{14}$ kg $= \frac{6}{7} \cdot \frac{14}{1} = \frac{84}{7} = 12$

Antwort: Herr Galanis kann 12 Tüten füllen.

❸ Ergänze die folgende Regel:
Den Kehrbruch eines Bruches erhalte ich, indem ich _Zähler und Nenner_ vertausche.

K. Becker/A. Fingerhut: Bruchrechnung in kleinen Schritten – Band 3
© Persen Verlag

K. Becker/A. Fingerhut: Bruchrechnung in kleinen Schritten – Band 3
© Persen Verlag

Lösungen

㊲ Division von Brüchen 1 — $\frac{3}{4}:\frac{1}{2}$

❶ Berechne die Pyramiden. Teile dazu immer den linken Bruch durch den rechten Bruch. Kürze, wenn möglich.

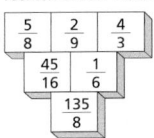

Pyramide 1: $\frac{5}{8}$ | $\frac{2}{9}$ | $\frac{4}{3}$; $\frac{45}{16}$ | $\frac{1}{6}$; $\frac{135}{8}$

Pyramide 2: $\frac{1}{4}$ | $\frac{7}{8}$ | $\frac{3}{2}$; $\frac{2}{7}$ | $\frac{7}{12}$; $\frac{24}{49}$

❷ Laura und ihre Oma kochen Marmelade. Sie kochen $\frac{16}{10}$ l Himbeer- und $\frac{42}{15}$ l Erdbeermarmelade. Die Marmelade soll in $\frac{2}{5}$-l-Gläser gefüllt werden.

Frage: Wie viele Gläser Marmelade können sie füllen?

Rechnung: $\frac{16}{10}$ l : $\frac{2}{5}$ l $= \frac{16}{10} \cdot \frac{5}{2} = \frac{8}{1} = 4$ $\quad$ $\frac{42}{15}$ l : $\frac{2}{5}$ l $= \frac{42}{15} \cdot \frac{5}{2} = \frac{21}{3} = 7$ $\quad$ $4 + 7 = 11$

Antwort: Sie können 4 Gläser mit Himbeer- und 7 Gläser mit Erdbeermarmelade füllen, insgesamt also 11 Gläser.

❸ Berechne.

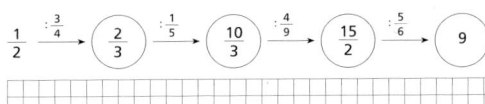

Kürze schon vor dem Ausrechnen. Beispiel: $\frac{9}{11}$ l : $\frac{3}{5}$ l $= \frac{\cancel{9}^3}{11} \cdot \frac{5}{\cancel{3}_1} = \frac{15}{11}$

a) $\frac{5}{7}$ cm : $\frac{13}{21}$ cm $= \frac{5}{\cancel{7}_1} \cdot \frac{\cancel{21}^3}{13} = \frac{15}{13}$

b) 22 t : $\frac{1}{5}$ t $= \frac{22}{\cancel{25}_5} \cdot \frac{\cancel{5}^1}{1} = \frac{22}{5}$

c) $\frac{36}{9}$ kg : $\frac{2}{18}$ kg $= \frac{\cancel{36}^{18}}{\cancel{9}_1} \cdot \frac{\cancel{18}^2}{\cancel{2}_1} = 36$

d) $\frac{1}{4}$ l : $\frac{11}{24}$ l $= \frac{1}{\cancel{4}_1} \cdot \frac{\cancel{24}^6}{11} = \frac{6}{11}$

❹ Vervollständige die Aufgabenkette.

$\frac{1}{2}$ $\xrightarrow{:\frac{3}{4}}$ $\frac{2}{3}$ $\xrightarrow{:\frac{1}{5}}$ $\frac{10}{3}$ $\xrightarrow{:\frac{4}{9}}$ $\frac{15}{2}$ $\xrightarrow{:\frac{5}{6}}$ 9

㊳ Division von Brüchen 2 — $\frac{3}{4}:\frac{1}{2}$

❶ Setze die fehlenden Zahlen ein.

a) $\frac{9}{11} : \frac{\boxed{2}}{3} = \frac{27}{22}$

b) $\frac{4}{3} : \frac{7}{\boxed{4}} = \frac{16}{21}$

c) $\frac{6}{5} : \frac{\boxed{2}}{9} = \frac{54}{10}$

d) $\frac{\boxed{3}}{2} : \frac{23}{19} = \frac{57}{46}$

e) $\frac{8}{\boxed{3}} : \frac{13}{7} = \frac{56}{39}$

f) $\frac{37}{12} : \frac{\boxed{5}}{2} = \frac{74}{60}$

g) $\frac{5}{2} : \frac{\boxed{3}}{5} = \frac{25}{6}$

h) $\frac{10}{3} : \frac{\boxed{11}}{8} = \frac{80}{33}$

i) $\frac{\boxed{8}}{6} : \frac{12}{7} = \frac{56}{72}$

❷ Bilde 4 Aufgaben und berechne diese.

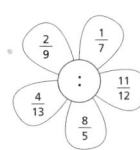

$\frac{2}{9}$	:	$\frac{1}{7}$	=	$\frac{1}{9}$	$\frac{4}{7}$	$\frac{1}{7}$	:	$\frac{1}{12}$	=	$\frac{1}{7}$	$\frac{12}{7}$	
$\frac{8}{5}$	:	$\frac{4}{13}$	=	$\frac{2}{5}$	$\frac{6}{1}$	$\frac{1}{13}$	:	$\frac{9}{13}$	=	$\frac{1}{9}$	$\frac{13}{1}$	
$\frac{2}{9}$	:	$\frac{1}{12}$	=	$\frac{2}{9}$	$\frac{1}{1}$	$\frac{2}{3}$	$\frac{1}{12}$	:	$\frac{1}{33}$	=	$\frac{1}{3}$	u. a.

(Blüte: $\frac{2}{9}$ | $\frac{1}{7}$ | : | $\frac{11}{12}$ | $\frac{4}{13}$ | $\frac{8}{5}$)

❸ Löse die Aufgaben. Ordne die Ergebnisse nach der Größe. Was fällt dir auf?

$\frac{1}{3} : \frac{1}{2} = \frac{1}{3} \cdot \frac{2}{1} = \frac{2}{3}$ $\quad$ $\frac{1}{3} : \frac{1}{4} = \frac{1}{3} \cdot \frac{4}{1} = \frac{4}{3}$

$\frac{1}{3} : \frac{1}{8} = \frac{1}{3} \cdot \frac{8}{1} = \frac{8}{3}$ $\quad$ $\frac{1}{3} : \frac{1}{16} = \frac{1}{3} \cdot \frac{16}{1} = \frac{16}{3}$

$\boxed{\frac{2}{3} < \frac{4}{3} < \frac{8}{3} < \frac{16}{3}}$

Antwort: Der Zähler verdoppelt sich immer.

❹ Um einen Papierflieger zu basteln, benötigt Christian $\frac{4}{21}$ m² Papier. Wie viele Flieger kann Christian aus $\frac{8}{7}$ m² Papier basteln?

Rechnung: $\frac{8}{7}$ m² : $\frac{4}{21}$ m² $= \frac{\cancel{8}^2}{\cancel{7}_1} \cdot \frac{\cancel{21}^3}{\cancel{4}_1} = \frac{6}{1} = 6$

Antwort: Christian kann 6 Flieger basteln.

㊴ Division von Brüchen 3 — $\frac{3}{4}:\frac{1}{2}$

Gemischte Zahlen werden zuerst in Brüche umgewandelt.
Beispiel: $2\frac{1}{3} : 1\frac{4}{5} = \frac{7}{3} : \frac{9}{5} = \frac{7}{3} \cdot \frac{5}{9} = \frac{35}{27} = 1\frac{8}{27}$

❶ Löse die Aufgaben wie im Beispiel. Schreibe das Ergebnis in gemischter Schreibweise.

a) $3\frac{2}{5} : 2\frac{1}{3} = \frac{17}{5} : \frac{7}{3} = \frac{17}{5} \cdot \frac{3}{7} = \frac{51}{35} = 1\frac{16}{35}$

b) $8\frac{7}{9} : 1\frac{2}{3} = \frac{79}{9} : \frac{5}{3} = \frac{79}{\cancel{9}_3} \cdot \frac{\cancel{3}^1}{5} = \frac{79}{15} = 5\frac{4}{15}$

c) $12\frac{1}{2} : 3\frac{1}{4} = \frac{25}{2} : \frac{13}{4} = \frac{25}{\cancel{2}_1} \cdot \frac{\cancel{4}^2}{13} = \frac{50}{13} = 3\frac{11}{13}$

❷ a) Judith will einen $2\frac{3}{4}$ m langen Schal stricken. Pro Stunde strickt sie $\frac{5}{6}$ m. Wie viele Stunden braucht sie, bis der Schal fertig ist?

Rechnung: $2\frac{3}{4}$ m : $\frac{5}{6}$ m $= \frac{11}{\cancel{4}_2} \cdot \frac{\cancel{6}^3}{5} = \frac{33}{10} = 3\frac{3}{10}$

Antwort: Sie braucht $3\frac{3}{10}$ Stunden, bis der Schal fertig ist.

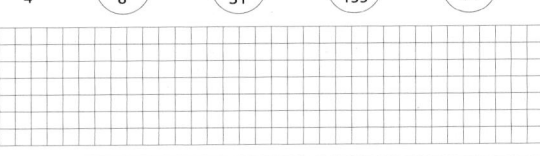

b) Judiths Oma strickt doppelt so schnell. Wie viele Meter strickt sie pro Stunde? Wie lange braucht sie für einen $2\frac{3}{4}$ m langen Schal?

Rechnung: $\frac{5}{6}$ m $\cdot 2 = \frac{10}{6}$ m $= \frac{5}{3}$ m

$2\frac{3}{4}$ m : $\frac{5}{3}$ m $= \frac{11}{4} \cdot \frac{3}{5} = \frac{33}{20} = 1\frac{13}{20}$

Antwort: Die Oma strickt pro Stunde $\frac{5}{3}$ m.
Sie braucht $1\frac{13}{20}$ Stunden für einen $2\frac{3}{4}$ m langen Schal.

❸ Vervollständige die Aufgabenkette.

$24\frac{2}{4}$ $\xrightarrow{:1\frac{1}{3}}$ $\frac{147}{8}$ $\xrightarrow{:3\frac{7}{8}}$ $\frac{147}{31}$ $\xrightarrow{:2\frac{4}{8}}$ $\frac{294}{155}$ $\xrightarrow{:1\frac{2}{5}}$ $1\frac{11}{31}$

㊵ Division von Brüchen 4 — $\frac{3}{4}:\frac{1}{2}$

❶ Setze die fehlenden Brüche ein. Teile dazu immer den linken Bruch durch den rechten Bruch. Kürze so früh wie möglich.

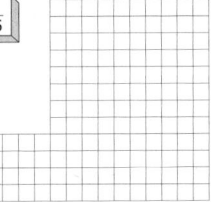

Pyramide 1: $1\frac{2}{5}$ | $4\frac{4}{5}$ | $\frac{6}{7}$; $\frac{7}{9}$ | $\frac{21}{10}$; $\frac{10}{27}$

Pyramide 2: $12\frac{1}{4}$ | $6\frac{1}{8}$ | $3\frac{1}{16}$; 2 | 2 ; 1

❷ Nina und Marco machen ein Wettrennen. Nina läuft $\frac{1}{5}$ km pro Minute, Marco $\frac{21}{100}$ km. Wie lange braucht jeder für eine Strecke von $\frac{7}{8}$ km? Wer ist schneller?

Rechnung: $\frac{7}{8} : \frac{1}{5} = \frac{7}{8} \cdot \frac{5}{1} = \frac{35}{8} = 4\frac{3}{8}$ $\quad$ $\frac{7}{8} : \frac{21}{100} = \frac{7}{8} \cdot \frac{100}{21} = \frac{25}{6} = 4\frac{1}{6}$; $\frac{3}{8} = \frac{9}{24} > \frac{1}{6} = \frac{4}{24}$

Antwort: Nina braucht $4\frac{3}{8}$ Minuten und Marco $4\frac{1}{6}$ Minuten. Marco ist schneller.

❸ Bilde 4 Aufgaben und berechne diese.

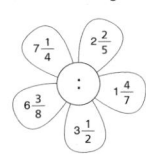

$7\frac{1}{4}$	:	$2\frac{2}{5}$	=	$3\frac{1}{48}$		$2\frac{2}{5}$	:	$1\frac{4}{7}$	=	$1\frac{29}{55}$		
$1\frac{4}{7}$	:	$3\frac{1}{2}$	=	$\frac{22}{49}$		$3\frac{1}{2}$	:	$6\frac{3}{8}$	=	$\frac{28}{51}$		
$6\frac{3}{8}$	:	$7\frac{1}{4}$	=	$\frac{51}{58}$		$6\frac{3}{8}$	:	$3\frac{1}{2}$	=	$1\frac{23}{28}$		
$7\frac{1}{4}$	:	$6\frac{3}{8}$	=	$1\frac{7}{51}$		$1\frac{4}{7}$	:	$7\frac{1}{4}$	=	$\frac{44}{203}$	u. a.	

(Blüte: $7\frac{1}{4}$ | $2\frac{2}{5}$ | : | $1\frac{4}{7}$ | $6\frac{3}{8}$ | $3\frac{1}{2}$)

❹ Löse die Aufgaben.

a) $12\frac{2}{3}$ t : $\frac{7}{3}$ t $= \frac{38}{3} \cdot \frac{3}{7} = \frac{38}{7} = 5\frac{3}{7}$

b) $\frac{9}{4}$ t : $2\frac{5}{8}$ t $= \frac{\cancel{9}^3}{\cancel{4}_1} \cdot \frac{\cancel{8}^2}{\cancel{21}_7} = \frac{6}{7}$

c) $3\frac{6}{9}$ l : $1\frac{1}{10}$ l $= \frac{\cancel{33}^3}{9} \cdot \frac{10}{\cancel{11}_1} = \frac{30}{9} = 3\frac{1}{3}$

d) $6\frac{3}{4}$ l : $12\frac{9}{10}$ l $= \frac{\cancel{27}^9}{\cancel{4}_2} \cdot \frac{\cancel{10}^5}{\cancel{129}_{43}} = \frac{45}{86}$

K. Becker/A. Fingerhut: Bruchrechnung in kleinen Schritten – Band 3
© Persen Verlag

42
43
44
45

Lösungen

---

❶ Jeweils 2 Aufgaben haben das gleiche Ergebnis. Verbinde sie.

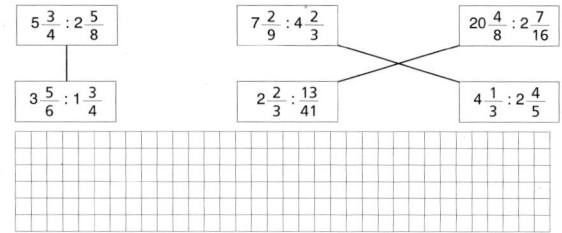

$$5\frac{3}{4}:2\frac{5}{8} \qquad 7\frac{2}{9}:4\frac{2}{3} \qquad 20\frac{4}{8}:2\frac{7}{16}$$

$$3\frac{5}{6}:1\frac{3}{4} \qquad 2\frac{2}{3}:\frac{13}{41} \qquad 4\frac{1}{3}:2\frac{4}{5}$$

❷ Löse die Aufgaben.

a) $9\frac{8}{10}:\frac{4}{5}=\frac{\overset{49}{\cancel{98}}}{\underset{2}{\cancel{10}}}\cdot\frac{\overset{1}{\cancel{5}}}{\cancel{4}_2}=\frac{49}{4}=12\frac{1}{4}$

b) $\frac{2}{3}:4\frac{5}{6}=\frac{2}{\underset{1}{\cancel{3}}}\cdot\frac{\overset{2}{\cancel{6}}}{29}=\frac{4}{29}$

c) $17\frac{1}{6}:3\frac{4}{6}=\frac{103}{\underset{1}{\cancel{6}}}\cdot\frac{\overset{1}{\cancel{6}}}{22}=\frac{103}{22}=4\frac{15}{22}$

d) $15\frac{1}{2}:7\frac{6}{8}=\frac{\overset{1}{\cancel{31}}}{1\cancel{2}}\cdot\frac{\overset{4}{\cancel{8}}}{\cancel{62}_2}=\frac{4}{2}=2$

❸ Setze die fehlenden Zahlen ein.

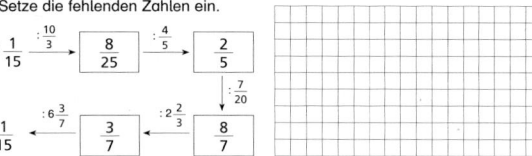

$$1\frac{1}{15}\xrightarrow{:\frac{10}{3}}\boxed{\frac{8}{25}}\xrightarrow{:\frac{4}{5}}\boxed{\frac{2}{5}}$$

$$\frac{1}{15}\xleftarrow{\;:6\frac{3}{7}\;}\boxed{\frac{3}{7}}\xleftarrow{\;:2\frac{2}{3}\;}\boxed{\frac{8}{7}}\;\Big\downarrow{\scriptstyle\,\cdot\frac{7}{20}}$$

❹ Berechne die Aufgaben.

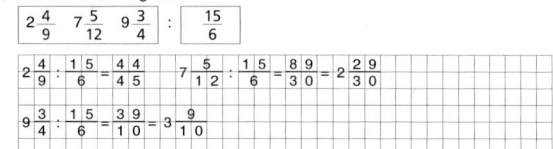

$$2\frac{4}{9}\qquad 7\frac{5}{12}\qquad 9\frac{3}{4}\qquad:\quad\frac{15}{6}$$

$2\frac{4}{9}:1\frac{5}{6}=\frac{\cancel{4}4}{\cancel{9}}\cdot\frac{\cancel{1}5}{\cancel{6}2}=\frac{8}{30}9\cdot\frac{9}{30}=2\frac{29}{30}$

$7\frac{5}{12}:1\frac{5}{6}=\frac{8}{30}9=3\frac{9}{10}$

$9\frac{3}{4}:1\frac{5}{6}=\frac{39}{10}=3\frac{9}{10}$

46   K. Becker/A. Fingerhut: Bruchrechnung in kleinen Schritten – Band 3 © Persen Verlag

---

❶ Schreibe die Rechenaufgabe (Teilen) und berechne.

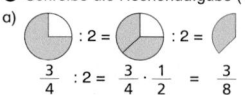

a)   ⬤ : 2 = ⬤ : 2 = ⬤

$\frac{3}{4}:2=\frac{3}{4}\cdot\frac{1}{2}=\frac{3}{8}$

b)   ⬤ : 2 = ⬤ : 2 = ⬤

$\frac{2}{3}:2=\frac{2}{3}\cdot\frac{1}{2}=\frac{1}{3}$

c) Teile $\frac{2}{3}$ durch 4.

$\frac{2}{3}:4=\frac{2}{3\cdot4}=\frac{2}{12}=\frac{1}{6}$

d) Teile 8 durch ein Halb.

$8:\frac{1}{2}=8\cdot\frac{2}{1}=16$

❷ Kreuze die richtige Ergänzung an. Beim Teilen durch einen Bruch …

☐ … addiere ich den Kehrbruch.

☒ … nehme ich mit dem Kehrbruch mal.

❸ Aus einem 3 m langen Seil sollen Stücke zu je $\frac{9}{15}$ m Länge geschnitten werden. Wie viele kurze Seile entstehen?

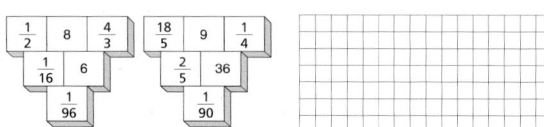

Rechnung: $3\text{ m}:\frac{9}{15}\text{ m}=\overset{1}{\cancel{3}}\cdot\frac{15}{\cancel{9}3}=\frac{15}{3}=5$

Antwort: Es entstehen 5 kurze Seile.

❹ Berechne.

$$\boxed{\frac{1}{7}\qquad\frac{3}{8}\qquad\frac{11}{2}}\quad:6$$

$\frac{1}{7}:6=\frac{1}{7\cdot6}=\frac{1}{42}$ $\frac{3}{8}:6=\frac{\overset{1}{\cancel{3}}}{8\cdot\cancel{6}2}=\frac{1}{16}$ $\frac{11}{2}:6=\frac{11}{2\cdot6}=\frac{11}{12}$

$$\boxed{8\qquad21\qquad10}\quad:\frac{2}{7}$$

$8:\frac{2}{7}=8\cdot\frac{7}{2}=\frac{28}{1}=28$ $21:\frac{2}{7}=21\cdot\frac{7}{2}=\frac{147}{2}=73\frac{1}{2}$ $10:\frac{2}{7}=10\cdot\frac{7}{2}=35$

❺ Berechne und kürze, wenn möglich.

a) $\frac{5}{6}:10=\frac{5}{6\cdot10}=\frac{1}{12}$

b) $8:\frac{4}{7}=8\cdot\frac{7}{4}=14$

c) $\frac{9}{11}:2=\frac{9}{11\cdot2}=\frac{9}{22}$

d) $\frac{8}{13}:4=\frac{8}{13\cdot4}=\frac{2}{13}$

e) $15:\frac{3}{10}=15\cdot\frac{10}{3}=50$

f) $22:\frac{11}{3}=22\cdot\frac{3}{11}=6$

K. Becker/A. Fingerhut: Bruchrechnung in kleinen Schritten – Band 3 © Persen Verlag   47

---

❶ Wo steckt der Fehler? Korrigiere.

a) $\frac{5}{6}:6=\cancel{5}\;\frac{5}{6\cdot6}=\frac{5}{36}$

b) $7:\frac{2}{3}=\frac{\cancel{2}}{21}\;\frac{21}{2}$

c) $\frac{9}{2}:8=\frac{9}{\cancel{4}}\;\frac{9}{2\cdot8}=\frac{9}{16}$

d) $18:\frac{2}{7}=2\frac{2}{7}\;18\cdot\frac{7}{2}=63$

e) $\frac{4}{11}:8=\frac{\cancel{2}}{\cancel{11}}\;\frac{\cancel{4}1}{11\cdot\cancel{8}_2}=\frac{1}{22}$

f) $4:\frac{16}{5}=\frac{20}{\cancel{4}}\;\cancel{4}\cdot\frac{5}{\cancel{16}4}=\frac{5}{4}$

❷ Berechne die fehlenden Felder. Teile jeweils die linke durch die rechte Zahl.

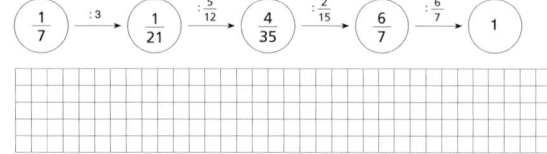

$$\frac{1}{2}\qquad 8\qquad\frac{4}{3}\qquad\qquad\frac{18}{5}\qquad 9\qquad\frac{1}{4}$$
$$\frac{1}{16}\qquad 6\qquad\qquad\qquad\frac{2}{5}\qquad 36$$
$$\frac{1}{96}\qquad\qquad\qquad\qquad\frac{1}{90}$$

❸ Zum Fällen von $\frac{2}{7}$ km² Wald benötigt man $1\frac{1}{2}$ Stunden. Wie viel Wald wird in einer Stunde gefällt?

Rechnung: $\frac{2}{7}:\frac{3}{2}=\frac{2}{7}\cdot\frac{2}{3}=\frac{4}{21}$

Antwort: In einer Stunde werden $\frac{4}{21}$ km² Wald gefällt.

❹ Berechne.

a) $\frac{2}{7}$ km : $1\frac{1}{2}$ km = $\frac{2}{7}$ km : $\frac{3}{2}$ km = $\frac{2}{7}\cdot\frac{2}{3}=\frac{4}{21}$

b) $2\frac{4}{5}$ l : $6\frac{3}{10}$ l = $\frac{14}{5}$ l : $\frac{63}{10}$ l = $\frac{14}{1\cancel{5}}\cdot\frac{\overset{2}{\cancel{10}}}{63}=\frac{28}{63}=\frac{4}{9}$

c) $20\frac{2}{3}$ t : $\frac{31}{4}$ t = $\frac{\overset{2}{\cancel{62}}}{3}\cdot\frac{4}{\cancel{31}_1}=\frac{8}{3}=2\frac{2}{3}$

❺ Berechne die Aufgabenkette.

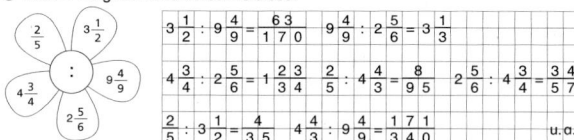

$$\boxed{\frac{1}{7}}\xrightarrow{:3}\boxed{\frac{1}{21}}\xrightarrow{:\frac{5}{12}}\boxed{\frac{4}{35}}\xrightarrow{:\frac{2}{15}}\boxed{\frac{6}{7}}\xrightarrow{:\frac{6}{7}}\boxed{1}$$

48   K. Becker/A. Fingerhut: Bruchrechnung in kleinen Schritten – Band 3 © Persen Verlag

---

❶ Tina will Plätzchen backen. Sie hat noch $1\frac{1}{2}$ kg Mehl, $\frac{2}{3}$ kg Zucker, 1 kg Mandeln und $\frac{6}{7}$ kg Butter. Wie oft kann sie das Rezept höchstens machen?

Rezept
$\frac{1}{2}$ kg Mehl
$\frac{1}{8}$ kg Zucker
$\frac{2}{3}$ kg Mandeln
$\frac{1}{6}$ kg Butter

Rechnung:

$1\frac{1}{2}$ kg : $\frac{1}{2}$ kg = 3 $\frac{2}{3}$ kg : $\frac{1}{8}$ kg = $5\frac{1}{3}$

1 kg : $\frac{2}{3}$ kg = $4\frac{1}{2}$ $\frac{6}{7}$ kg : $\frac{1}{6}$ kg = $5\frac{1}{7}$

Antwort: Tina kann das Rezept höchstens dreimal backen.

❷ Bilde 4 Aufgaben und berechne diese.

Blume: $\frac{2}{5}$ $3\frac{1}{2}$ $4\frac{3}{4}$ $9\frac{4}{9}$ $2\frac{5}{6}$ (:)

$3\frac{1}{2}:9\frac{4}{9}=\frac{63}{170}$ $9\frac{4}{9}:\frac{2}{5}=\frac{5}{3}=3\frac{1}{?}$

$4\frac{3}{4}:2\frac{5}{6}=1\frac{23}{34}$ $\frac{2}{5}:4\frac{3}{4}=\frac{8}{95}$ $2\frac{5}{6}:4\frac{3}{4}=\frac{34}{57}$

$\frac{2}{5}:3\frac{1}{2}=\frac{4}{35}$ $4\frac{3}{4}:9\frac{4}{9}=\frac{171}{340}$ u. a.

❸ Setze die fehlenden Zahlen ein.

a) $\frac{7}{4}:\boxed{\frac{3}{2}}=\frac{14}{12}$

b) $1\frac{2}{3}:\boxed{\frac{10}{9}}=\frac{45}{30}$

c) $2\frac{4}{\boxed{5}}:1\frac{3}{7}=\frac{98}{50}$

d) $\frac{3}{2}:\boxed{\frac{4}{7}}=\frac{21}{8}$

e) $\boxed{\frac{11}{9}}:2\frac{1}{2}=\frac{22}{45}$

f) $\boxed{\frac{3}{7}}:\frac{9}{12}=\frac{36}{63}$

❹ Berechne.

a) $\frac{3}{4}:\frac{1}{6}:\frac{1}{2}=9$

b) $\frac{1}{3}:\frac{4}{8}:\frac{5}{3}=\frac{2}{5}$

c) $\frac{6}{5}:\frac{7}{4}:\frac{3}{8}=\frac{64}{35}=1\frac{29}{35}$

❺ Berechne.

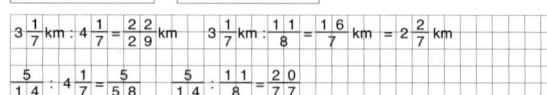

$$\boxed{3\frac{1}{7}\text{ km}\qquad\frac{5}{14}}\quad:\quad\boxed{4\frac{1}{7}\qquad\frac{11}{8}}$$

$3\frac{1}{7}$ km : $4\frac{1}{7}=\frac{22}{29}$ km $3\frac{1}{7}$ km : $\frac{11}{8}=\frac{16}{7}$ km $=2\frac{2}{7}$ km

$\frac{5}{14}:4\frac{1}{7}=\frac{5}{58}$ $\frac{5}{14}:\frac{11}{8}=\frac{20}{77}$

K. Becker/A. Fingerhut: Bruchrechnung in kleinen Schritten – Band 3 © Persen Verlag   49

Lösungen

45   Vermischte Übungen: Ganze Zahl und Bruch 1   ⫶

❶ Berechne.

a) $\frac{4}{5} \cdot 5 = 4$

b) $5 : \frac{2}{8} = 5 \cdot \frac{8}{2} = 20$

c) $10 \cdot \frac{6}{7} = \frac{60}{7} = 8\frac{4}{7}$

$7 \cdot \frac{2}{4} = \frac{14}{4} = \frac{7}{2} = 3\frac{1}{2}$

$6 \cdot \frac{11}{20} = \frac{66}{20} = \frac{33}{10} = 3\frac{3}{10}$

$\frac{3}{8} : 6 = \frac{3}{8 \cdot 6} = \frac{1}{16}$

$2 : \frac{3}{5} = 2 \cdot \frac{5}{3} = \frac{10}{3} = 3\frac{1}{3}$

$\frac{1}{4} : 3 = \frac{1}{4 \cdot 3} = \frac{1}{12}$

$\frac{4}{7} \cdot 9 = \frac{36}{7} = 5\frac{1}{7}$

❷ Setze die Begriffe richtig ein: Kehrbruch, Zähler, Zähler, Nenner, Nenner.

Beim Malnehmen eines Bruches mit einer ganzen Zahl nimmt man den <u>Zähler</u> mit der Zahl mal. Der <u>Nenner</u> bleibt gleich.

Beim Teilen eines Bruchs durch eine ganze Zahl nimmt man den <u>Nenner</u> mit der Zahl mal. Der <u>Zähler</u> bleibt gleich.

Beim Teilen einer ganzen Zahl durch einen Bruch nimmt man die ganze Zahl mit dem <u>Kehrbruch</u> mal.

❸ Löse die Aufgaben. Kürze schon vor dem Ausrechnen.

a) $\frac{4}{9} \cdot 3 = \frac{4 \cdot \cancel{3}^1}{\cancel{9}_3} = \frac{4}{3}$

b) $6 \cdot 5\frac{1}{4} = \frac{3}{\cancel{6}} \cdot \frac{21}{\cancel{4}_2} = \frac{63}{2}$

c) $\frac{8}{12} \cdot 9 = \frac{8 \cdot \cancel{3}^{\,2} \cdot \cancel{9}^{\,3}}{\cancel{12}} = 6$

$1\frac{1}{4} \cdot 9 = \frac{5}{4} \cdot 9 = \frac{45}{4}$

$3\frac{1}{2} : 6 = \frac{7}{2 \cdot 6} = \frac{7}{12}$

$3\frac{3}{5} : 3 = \frac{\cancel{6}^{\,2}}{5} \cdot \frac{1}{\cancel{3}_1} = \frac{6}{5}$

$9 : 2\frac{1}{4} = 9 : \frac{9}{4} = \cancel{9} \cdot \frac{4}{\cancel{9}} = 4$

$8 \cdot 2\frac{3}{4} = \frac{2}{\cancel{8}} \cdot \frac{11}{\cancel{4}} = 22$

$1\frac{2}{49} \cdot 7 = \frac{51}{49} \cdot \frac{\cancel{7}^1}{\cancel{7}} = \frac{51}{7}$

$5\frac{5}{6} : 7 = \frac{\cancel{35}^5}{6} \cdot \frac{1}{\cancel{7}_1} = \frac{5}{6}$

$11 : 4\frac{1}{2} = 11 : \frac{9}{2} = 11 \cdot \frac{2}{9} = \frac{22}{9}$

$7 : 2\frac{4}{5} = 7 : \frac{14}{5} = \cancel{7} \cdot \frac{5}{\cancel{14}_2} = \frac{5}{2}$

❹ Bauer Schmidt will die Kartoffeln von einem 5 Hektar großen Feld ernten. Wie viele Stunden braucht er für die gesamte Kartoffelernte?

a) Pro Hektar braucht er $\frac{7}{6}$ Stunden.

Rechnung: $5 \cdot \frac{7}{6} = \frac{35}{6} = 5\frac{5}{6}$

Antwort: Er braucht $5\frac{5}{6}$ Stunden für die Kartoffelernte.

b) Mit seiner neuen Maschine braucht Bauer Schmidt für $\frac{6}{5}$ Hektar nur 1 Stunde.

Rechnung: $5 : \frac{6}{5} = 5 \cdot \frac{5}{6} = \frac{25}{6} = 4\frac{1}{6}$

Antwort: Mit der Maschine braucht der Bauer $4\frac{1}{6}$ Stunden.

50   K. Becker/A. Fingerhut: Bruchrechnung in kleinen Schritten – Band 3
© Persen Verlag

---

46   Vermischte Übungen: Ganze Zahl und Bruch 2   ⫶

❶ Setze die fehlenden Zahlen ein.

a) $\frac{7}{8} \cdot \boxed{3} = \frac{21}{8}$

b) $4 \cdot \frac{\boxed{1}}{10} = \frac{4}{10}$

c) $\frac{7}{\boxed{4}} : 3 = \frac{7}{12}$

$\frac{1}{3} : 4 = \frac{1}{\boxed{12}}$

$10 : \frac{\boxed{5}}{3} = \frac{30}{5}$

$9 \cdot \frac{\boxed{5}}{3} = \frac{45}{3}$

$3 \cdot \frac{\boxed{8}}{5} = \frac{24}{5}$

$\frac{9}{5} : \boxed{3} = \frac{9}{15}$

$\frac{11}{15} \cdot \boxed{8} = \frac{88}{15}$

$\boxed{7} : \frac{2}{4} = \frac{28}{2}$

$\frac{3}{7} \cdot 3 = \frac{9}{7}$

$8 : \frac{\boxed{11}}{6} = \frac{48}{11}$

❷ Herr Wassmuth besitzt eine 100 m² große Lagerhalle. Auf $\frac{4}{6}$ dieser Fläche lagert er seine Ware. $\frac{1}{8}$ der Lagerhalle benötigt er zum Be- und Entladen. Wie viel m² benötigt Herr Wassmuth für die Lagerung? Wie viel m² benötigt er zum Be- und Entladen?

Rechnung: $\frac{\cancel{4}^2}{\cancel{6}_3} \cdot 100 \text{ m}^2 = \frac{200}{3} \text{ m}^2 = 66\frac{2}{3} \text{ m}^2$; $\frac{1}{8} \cdot 100 \text{ m}^2 = \frac{\cancel{100}^{25}}{\cancel{8}_2} \text{ m}^2 = \frac{25}{2} \text{ m}^2 = 12\frac{1}{2} \text{ m}^2$

Antwort: Für die Lagerung benötigt er $66\frac{2}{3}$ m², zum Be- und Entladen $12\frac{1}{2}$ m².

❸ Berechne die freien Felder. Kürze, wenn möglich.

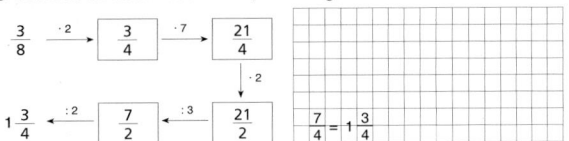

$\frac{3}{8} \xrightarrow{\cdot 2} \boxed{\frac{3}{4}} \xrightarrow{\cdot 7} \boxed{\frac{21}{4}}$

$\downarrow \cdot 2$

$1\frac{3}{4} \xleftarrow{:2} \boxed{\frac{7}{2}} \xleftarrow{:3} \boxed{\frac{21}{2}}$

$\frac{7}{4} = 1\frac{3}{4}$

❹ Familie Jagdal isst $1\frac{3}{4}$ Brote in 2 Tagen. Wie viel Brot isst die Familie an einem Tag?

Rechnung: $1\frac{3}{4} : 2 = \frac{7}{4} \cdot \frac{1}{2} = \frac{7}{8}$

Antwort: An einem Tag isst die Familie $\frac{7}{8}$ Brot.

Die Familie besteht aus 3 Personen. Wie viel Brot isst jedes Mitglied pro Tag?

Rechnung: $\frac{7}{8} : 3 = \frac{7}{8 \cdot 3} = \frac{7}{24}$

Antwort: Jedes Mitglied isst pro Tag $\frac{7}{24}$ Brot.

K. Becker/A. Fingerhut: Bruchrechnung in kleinen Schritten – Band 3   51
© Persen Verlag

---

47   Vermischte Übungen: Ganze Zahl und Bruch 3   ⫶

❶ In einem Kasten sind 12 Flaschen. Jede Flasche enthält $1\frac{1}{8}$ l Saft.

Frage: Wie viel Liter Saft sind in dem Kasten?

Rechnung: $12 \cdot 1\frac{1}{8}$ l $= 12 \cdot \frac{9}{8}$ l $= \frac{27}{2}$ l $= 13\frac{1}{2}$ l

Antwort: Insgesamt sind $13\frac{1}{2}$ l Saft in dem Kasten.

Der gesamte Saft wird auf 20 Kinder aufgeteilt. Wie viel Saft bekommt jedes Kind?

Rechnung: $13\frac{1}{2}$ l $: 20 = \frac{27}{2 \cdot 20}$ l $= \frac{27}{40}$ l

Antwort: Jedes Kind bekommt $\frac{27}{40}$ l Saft.

❷ Berechne.

a) Drei Viertel von $7 = 5\frac{1}{4}$

b) Sieben Zwölftel geteilt durch $4 = \frac{7}{48}$

c) Acht zwei Drittel von $10 = 86\frac{2}{3}$

d) 5 geteilt durch drei ein Halb $= 1\frac{3}{7}$

❸ Berechne die Schlangen.

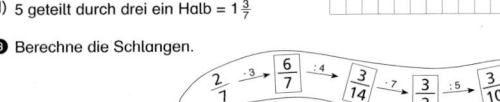

$\frac{2}{7} \xrightarrow{\cdot 3} \frac{6}{7} \xrightarrow{:4} \frac{3}{14} \xrightarrow{\cdot 7} \frac{3}{2} \xrightarrow{:5} \frac{3}{10}$

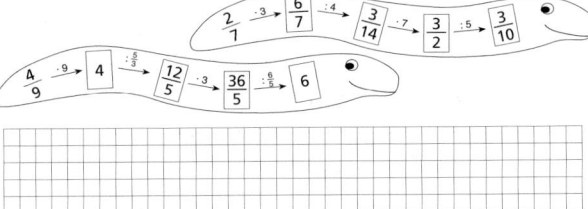

$\frac{4}{9} \xrightarrow{\cdot 9} 4 \xrightarrow{:\frac{5}{3}} \frac{12}{5} \xrightarrow{\cdot 3} \frac{36}{5} \xrightarrow{:\frac{6}{5}} 6$

❹ Wo steckt der Fehler? Korrigiere.

a) $\frac{4}{5} \cdot 3 = \frac{12}{\cancel{15}}$ $\frac{4 \cdot 3}{5} = \frac{12}{5}$

b) $\frac{5}{8} \cdot 7 = \frac{5}{\cancel{56}}$ $\frac{5 \cdot 7}{8} = \frac{35}{8}$

c) $\frac{10}{3} : 2 = \frac{20}{\cancel{3}}$ $\frac{10}{3} \cdot \frac{1}{2} = \frac{10}{6} = \frac{5}{3}$

d) $\frac{7}{2} : 2 = \frac{14}{\cancel{2}}$ $\frac{7}{2} \cdot \frac{1}{2} = \frac{7}{18}$

52   K. Becker/A. Fingerhut: Bruchrechnung in kleinen Schritten – Band 3
© Persen Verlag

---

48   Vermischte Übungen: Bruch und Bruch 1   ⫶

❶ Berechne und kürze, wenn möglich.

a) $\frac{1}{4} \cdot \frac{1}{3} = \frac{1}{12}$

b) $\frac{4}{7} \cdot \frac{3}{11} = \frac{4 \cdot 3}{7 \cdot 11} = \frac{44}{21}$

c) $\frac{5}{\cancel{6}_1} \cdot \frac{\cancel{6}^1}{7} = \frac{5}{7}$

$1\frac{2}{3} \cdot \frac{5}{9} = \frac{5}{3} \cdot \frac{5}{9} = \frac{25}{27}$

$\frac{3}{10} \cdot \frac{5}{2} = \frac{3}{\cancel{10}_2} \cdot \frac{\cancel{5}^1}{2} = \frac{3}{2}$

$\frac{13}{2} \cdot \frac{11}{2} = \frac{13}{\cancel{2}} \cdot \frac{\cancel{2}}{11} = \frac{13}{11}$

$\frac{3}{5} \cdot \frac{2}{7} = \frac{3}{5} \cdot \frac{7}{2} = \frac{21}{10}$

$1\frac{4}{9} \cdot \frac{18}{36} = \frac{\cancel{18}^2}{\cancel{36}_9} = \frac{2}{9}$

$\frac{9}{5} \cdot 2\frac{1}{3} = \frac{\cancel{9}^3 \cdot 7}{5 \cdot \cancel{3}_1} = \frac{21}{5}$

❷ Schreibe als Mal-Aufgabe und berechne das Ergebnis.

a) $\frac{3}{4}$ von $\frac{1}{3}$ l $= \boxed{\frac{3}{4} \cdot \frac{1}{3}}$ l $= \frac{\cancel{3} \cdot 1}{4 \cdot \cancel{3}}$ l $= \frac{1}{4}$ l

b) $\frac{4}{5}$ von $\frac{3}{4}$ kg $= \boxed{\frac{4}{5} \cdot \frac{3}{4}}$ kg $= \frac{\cancel{4} \cdot 3}{5 \cdot \cancel{4}}$ kg $= \frac{3}{5}$ kg

c) $\frac{6}{11}$ von $\frac{22}{24}$ ha $= \boxed{\frac{6}{11} \cdot \frac{22}{24}}$ ha $= \frac{\cancel{6} \cdot 22}{11 \cdot \cancel{24}_4}$ ha $= \frac{22}{44}$ ha $= \frac{1}{2}$ ha

d) $\frac{7}{9}$ von $\frac{12}{14}$ dm $= \boxed{\frac{7}{9} \cdot \frac{12}{14}}$ dm $= \frac{\cancel{7}^1 \cdot \cancel{12}^4}{\cancel{9}_3 \cdot \cancel{14}_2}$ dm $= \frac{4}{6}$ dm $= \frac{2}{3}$ dm

❸ Berechne die fehlenden Felder der Tabelle.

a)

·	$\frac{1}{3}$	$\frac{3}{5}$	$\frac{4}{9}$
$1\frac{1}{2}$	$\frac{1}{2}$	$\frac{9}{10}$	$\frac{2}{3}$
$\frac{2}{7}$	$\frac{2}{21}$	$\frac{6}{35}$	$\frac{8}{63}$
$\frac{1}{8}$	$\frac{1}{24}$	$\frac{3}{40}$	$\frac{4}{72}$

b)

:	$\frac{1}{3}$	$\frac{2}{9}$	$\frac{7}{6}$
$\frac{4}{11}$	$\frac{4}{33}$	$1\frac{7}{11}$	$\frac{24}{77}$
$2\frac{1}{3}$	7	$10\frac{1}{2}$	2
$\frac{3}{10}$	$\frac{9}{10}$	$1\frac{7}{20}$	$\frac{9}{35}$

❹ Wo steckt der Fehler? Korrigiere.

a) $\frac{7}{3} : 1\frac{1}{2} = \frac{2\cancel{1}}{\cancel{6}}$ $\frac{7}{3} : \frac{3}{2} = \frac{7 \cdot 2}{3 \cdot 3} = \frac{14}{9}$

b) $\frac{9}{4} : \frac{5}{6} = \frac{20}{\cancel{54}}$ $\frac{9}{4} \cdot \frac{6}{5} = \frac{54}{20}$

c) $2\frac{4}{5} : 1\frac{2}{3} = \frac{2\cancel{2}}{\cancel{5}}$ $\frac{22}{5} \cdot \frac{3}{15} = 1\frac{7}{15}$

d) $7\frac{2}{4} : \frac{7}{6} = \frac{\cancel{54}}{\cancel{28}}$ $\frac{30}{4} \cdot \frac{6}{7} = \frac{180}{28} = \frac{45}{7}$

K. Becker/A. Fingerhut: Bruchrechnung in kleinen Schritten – Band 3   53
© Persen Verlag

Lösungen

---

49 Vermischte Übungen: Bruch und Bruch 2 ∵

❶ Ein Eisverkäufer hat noch $\frac{6}{7}$ kg Eis übrig. $\frac{4}{5}$ kg davon sind Schokoladeneis. Welchen Bruchteil macht das Schokoladeneis an dem ganzen Resteis aus?

Rechnung: $\frac{4}{5}$ kg : $\frac{6}{7}$ kg = $\frac{4}{5} \cdot \frac{7}{6} = \frac{14}{15}$

Antwort: Das Schokoladeneis macht $\frac{14}{15}$ an dem Resteis aus.

❷ Berechne und kürze, wenn möglich.

a) $\frac{9}{5}$ l : $\frac{3}{7}$ l = $\frac{21}{5}$ b) $\frac{11}{15} \cdot \frac{45}{66} = \frac{1}{2}$ c) $\frac{13}{56}$ t : $\frac{26}{8}$ t = $\frac{1}{14}$

$\frac{11}{12}$ kg : $\frac{22}{24}$ kg = 1 $\frac{17}{4} : \frac{1}{2} = \frac{17}{2}$ $\frac{14}{7} \cdot \frac{42}{28} = 3$

$\frac{27}{15}$ m : $\frac{9}{25}$ m = 5 $\frac{7}{8} \cdot \frac{64}{49} = \frac{8}{7}$ $\frac{72}{35} \cdot \frac{70}{48} = 3$

❸ Tina und ihre Tante kochen Pudding. Sie kochen $\frac{1}{6}$ l Vanillepudding und $\frac{1}{3}$ l Zitronenpudding. Der gesamte Pudding soll dann auf $\frac{1}{8}$-l-Glasteller umgefüllt werden.

Wie viele Glasteller füllen Tina und ihre Tante?

Rechnung: $\frac{1}{6}$ l : $\frac{1}{8}$ l = $\frac{8}{6} = \frac{4}{3} = 1\frac{1}{3}$; $\frac{1}{3}$ l : $\frac{1}{8}$ l = $\frac{8}{3} = 2\frac{2}{3}$

Antwort: Sie füllen 4 Teller (ein Teller ist gemischt) oder sie füllen 5 Teller (2 Teller Vanille- und 3 Teller Zitronenpudding).

❹ Bilde aus jeder Blume 3 Aufgaben und berechne diese.

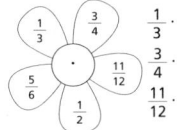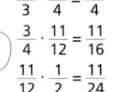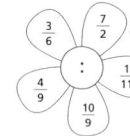

$\frac{1}{3} \cdot \frac{3}{4} = \frac{1}{4}$ $\frac{3}{6} : \frac{7}{2} = \frac{1}{7}$

$\frac{3}{4} \cdot \frac{11}{12} = \frac{11}{16}$ $\frac{7}{2} : \frac{1}{11} = \frac{77}{2} = 38\frac{1}{2}$

$\frac{11}{12} \cdot \frac{1}{2} = \frac{11}{24}$ $\frac{10}{9} : \frac{1}{11} = \frac{110}{9} = 12\frac{2}{9}$

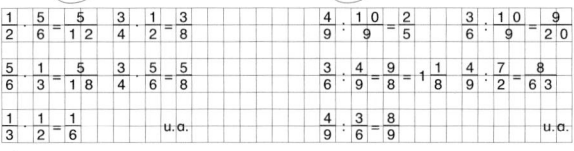

$\frac{1}{2}$	·	$\frac{5}{6}$	=	$\frac{5}{12}$	$\frac{3}{4}$	:	$\frac{2}{1}$	=	$\frac{3}{8}$
					$\frac{4}{9}$	:	$\frac{10}{9}$	=	$\frac{2}{5}$
$\frac{3}{6}$	·	$\frac{10}{9}$	=	$\frac{9}{20}$					

$\frac{5}{6} : \frac{5}{3} = \frac{5}{18}$ $\frac{3}{4} \cdot \frac{5}{6} = \frac{5}{8}$ $\frac{3}{4} \cdot \frac{9}{8} = 1\frac{1}{8}$ $\frac{4}{9} \cdot \frac{7}{8} = \frac{7}{18}$ $\frac{10}{9} : \frac{7}{2} = \frac{20}{63}$

$\frac{1}{3} : \frac{1}{2} = \frac{1}{6}$ u. a. $\frac{4}{9} : \frac{3}{6} = \frac{8}{9}$ u. a.

K. Becker/A. Fingerhut: Bruchrechnung in kleinen Schritten – Band 3
© Persen Verlag

---

50 Vermischte Übungen: Bruch und Bruch 3 ∵

❶ Setze die fehlenden Zahlen ein.

a) $5 \cdot \frac{\boxed{7}}{10} = \frac{35}{10}$ b) $\frac{20}{9} \cdot \frac{\boxed{3}}{\boxed{1}} = \frac{20}{27}$ c) $\frac{7}{10} \cdot \frac{\boxed{10}}{\boxed{8}} = \frac{56}{100}$

$\frac{3}{4} \cdot \frac{\boxed{9}}{9} = \frac{9}{36}$ $\frac{3}{8} \cdot \frac{\boxed{4}}{15} = \frac{45}{32}$ $\frac{12}{9} \cdot \frac{\boxed{1}}{7} = \frac{12}{63}$

$\frac{4}{10} \cdot \frac{\boxed{2}}{3} = \frac{12}{20}$ $\frac{7}{11} \cdot \frac{\boxed{5}}{6} = \frac{35}{66}$ $\frac{4}{5} \cdot \frac{\boxed{4}}{19} = \frac{16}{95}$

❷ Löse die Aufgaben und ordne die Ergebnisse der Größe nach.

$\frac{1}{3} : \frac{1}{8} = \frac{8}{3} = 2\frac{2}{3}$ $1\frac{2}{5} \cdot \frac{5}{3} = \frac{7}{3} = 2\frac{1}{3}$ $2\frac{1}{5} \cdot \frac{5}{2} = \frac{11}{2} = 5\frac{1}{2}$

$\frac{2}{3} : \frac{3}{4} = \frac{8}{9}$ $\frac{1}{3} : \frac{1}{4} = \frac{4}{3} = 1\frac{1}{3}$ $\frac{3}{6} \cdot \frac{1}{2} = \frac{3}{12} = \frac{1}{4}$

$\boxed{\frac{1}{4}} < \boxed{\frac{8}{9}} < \boxed{1\frac{1}{3}} < \boxed{2\frac{1}{3}} < \boxed{2\frac{2}{3}} < \boxed{5\frac{1}{2}}$

❸ Anke will einen Bettvorleger stricken, der $2\frac{1}{4}$ m lang werden soll. An einem Tag strickt sie $\frac{1}{8}$ m. Wie viele Tage braucht sie, bis der Bettvorleger fertig ist?

Rechnung: $2\frac{1}{4}$ m : $\frac{1}{8}$ m = $\frac{9}{4} \cdot \frac{8}{1} = 18$

Antwort: Sie braucht 18 Tage, bis der Bettvorleger fertig ist.

❹ Kreuze das richtige Ergebnis an. Es können auch mehrere Möglichkeiten richtig sein.

a) $\frac{5}{7} \cdot \frac{7}{9} =$ b) $4\frac{1}{3} : 2\frac{4}{5} =$ c) $1\frac{2}{5} \cdot \frac{13}{11} =$ d) $2\frac{2}{5} : \frac{10}{3} =$

a) ☐ $\frac{35}{7}$ b) ☒ $\frac{65}{42}$ c) ☐ $\frac{90}{55}$ d) ☐ $2\frac{5}{6}$

☒ $\frac{35}{63}$ ☐ $\frac{3}{7}$ ☒ $\frac{91}{55}$ ☐ $\frac{37}{50}$

☒ $\frac{5}{9}$ ☒ $1\frac{23}{42}$ ☐ $1\frac{3}{4}$ ☒ $\frac{18}{25}$

K. Becker/A. Fingerhut: Bruchrechnung in kleinen Schritten – Band 3
© Persen Verlag

---

51 Multiplikation ?

❶ Schreibe als Mal-Aufgabe und berechne.

a) 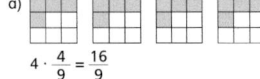   b)

$4 \cdot \frac{4}{9} = \frac{16}{9}$ $3 \cdot \frac{3}{4} = \frac{9}{4}$

c) $\frac{5}{7} + \frac{5}{7} + \frac{5}{7} + \frac{5}{7}$ d) $\frac{2}{9} + \frac{2}{9} + \frac{2}{9}$

$4 \cdot \frac{5}{7} = \frac{20}{7}$ $3 \cdot \frac{2}{9} = \frac{6}{9}$

❷ Berechne.

a) $3 \cdot \frac{3}{5} = \frac{9}{5}$ b) $6 \cdot \frac{2}{5} = \frac{12}{5}$ c) $\frac{2}{5} \cdot \frac{3}{4} = \frac{6}{20} = \frac{3}{10}$

$4 \cdot \frac{1}{7} = \frac{4}{7}$ $\frac{2}{9} \cdot 8 = \frac{16}{9}$ $\frac{7}{9} \cdot \frac{7}{9} = \frac{49}{81}$

$\frac{2}{8} \cdot 6 = \frac{12}{8} = \frac{3}{4}$ $7 \cdot \frac{1}{4} = \frac{7}{4}$ $\frac{10}{15} \cdot \frac{4}{2} = \frac{40}{30} = \frac{4}{3}$

$\frac{5}{9} \cdot 4 = \frac{20}{9}$ $\frac{1}{3} \cdot \frac{4}{7} = \frac{4}{21}$ $\frac{11}{13} \cdot \frac{3}{2} = \frac{33}{26}$

$5 \cdot \frac{8}{9} = \frac{40}{9}$ $\frac{3}{8} \cdot \frac{5}{7} = \frac{15}{56}$ $\frac{14}{10} \cdot \frac{2}{5} = \frac{28}{50} = \frac{14}{25}$

❸ Für einen Pudding braucht Frau Kleine $\frac{3}{4}$ l Milch. Sie möchte für Susis Geburtstag 5 Puddings kochen. Wie viel Liter Milch braucht sie für alle Puddings zusammen?

Rechnung: $\frac{3}{4}$ l $\cdot$ 5 = $\frac{15}{4}$ l = $3\frac{3}{4}$ l

Antwort: Sie braucht für alle Puddings zusammen $3\frac{3}{4}$ l Milch.

❹ Berechne. Kürze vor dem Ausrechnen.

a) $\frac{4}{\overset{}{2}\cancel{16}} \cdot \overset{1}{\cancel{8}} = \frac{4}{2} = 2$ b) $\frac{7}{\overset{}{3}\cancel{12}} \cdot \overset{4}{\cancel{16}} = \frac{28}{3}$ c) $\frac{2}{\overset{}{10}\cancel{}} \cdot \frac{\overset{1}{\cancel{3}}}{7} = \frac{2}{70} = \frac{1}{35}$

$\frac{\overset{2}{\cancel{14}}}{\overset{}{4}\cancel{8}} \cdot \frac{\overset{1}{\cancel{2}}}{\overset{}{\cancel{7}}_1} = \frac{2}{4} = \frac{1}{2}$ $\frac{\overset{2}{\cancel{6}}}{\overset{}{5}\cancel{15}} \cdot 21 = \frac{42}{5}$ $\frac{2}{\overset{}{\cancel{8}}} \cdot \frac{12}{\overset{}{\cancel{1}}} = 24$

K. Becker/A. Fingerhut: Bruchrechnung in kleinen Schritten – Band 3
© Persen Verlag

---

52 Multiplikation ?

❺ Setze die fehlenden Zahlen ein.

a) $5 \cdot \frac{\boxed{2}}{7} = \frac{10}{7}$ b) $\frac{2}{3} \cdot \frac{\boxed{3}}{5} = \frac{6}{15}$ c) $\frac{\boxed{8}}{3} \cdot \frac{6}{11} = \frac{48}{33}$

$\frac{7}{20} \cdot \boxed{7} = \frac{49}{20}$ $\frac{3}{5} \cdot \frac{\boxed{3}}{11} = \frac{9}{55}$ $\frac{7}{9} \cdot \frac{2}{\boxed{12}} = \frac{14}{108}$

$6 \cdot \frac{\boxed{8}}{5} = \frac{48}{5}$ $\frac{6}{\boxed{6}} \cdot \frac{7}{9} = \frac{42}{54}$ $\frac{13}{10} \cdot \frac{\boxed{13}}{\boxed{14}} = \frac{169}{140}$

❻ Herr Becker besitzt eine $\frac{3}{7}$ km² große Lagerhalle. Auf $\frac{4}{5}$ von dieser Fläche lagert er seine Ware. $\frac{1}{7}$ der Lagerhalle benötigt er zum Be- und Entladen. Wie viel km² benötigt er für die Lagerung seiner Ware? Wie viel km² benötigt er zum Be- und Entladen?

Rechnung: $\frac{4}{5} \cdot \frac{3}{7}$ km² = $\frac{12}{35}$ km²; $\frac{1}{7} \cdot \frac{3}{7}$ km² = $\frac{3}{49}$ km²

Antwort: Er benötigt $\frac{12}{35}$ km² für die Lagerung und $\frac{3}{49}$ km² zum Laden.

❼ Berechne. Kürze vor dem Ausrechnen.

a) $3\frac{1}{4} \cdot \frac{2}{3} = \frac{13}{4} \cdot \frac{\overset{1}{\cancel{2}}}{\overset{}{2}\cancel{3}} = \frac{13}{6}$ b) $\frac{\overset{2}{\cancel{10}}}{\overset{}{3}\cancel{9}} \cdot \frac{\overset{2}{\cancel{6}}}{\overset{}{\cancel{15}}3} = \frac{4}{9}$ c) $\frac{\overset{1}{\cancel{6}}}{\overset{}{1}\cancel{7}} \cdot \frac{\overset{1}{\cancel{7}}}{\overset{}{\cancel{12}}2} = \frac{1}{2}$

$\frac{\overset{1}{\cancel{5}}}{7} \cdot \frac{8}{\overset{}{\cancel{10}}2} = \frac{8}{14} = \frac{4}{7}$ $3\frac{2}{5} \cdot 5 = \frac{17}{5} \cdot 5 = 17$ $2\frac{3}{4} \cdot \frac{\overset{}{\cancel{4}}}{\overset{}{2}\cancel{}} = \frac{11}{\overset{}{\cancel{4}}} \cdot 2\overset{1}{} = \frac{11}{2}$

$\frac{\overset{1}{\cancel{11}}}{\overset{}{\cancel{}}} \cdot \frac{27}{\overset{}{\cancel{}}} = 3$ $1\frac{2}{5} \cdot 5 = \frac{7}{5} \cdot 5 = 7$ $3\frac{1}{3} \cdot 11 = \frac{10}{3} \cdot 11 = \frac{110}{3}$

❽ Berechne.

a) | $\frac{4}{5}$ | $\frac{2}{3}$ | · | $\frac{1}{8}$ | $2\frac{1}{4}$ |
   |---|---|---|---|---|

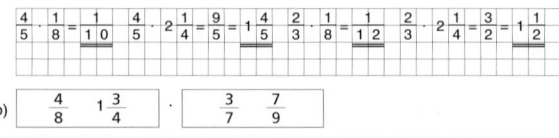

$\frac{4}{5}$	·	$\frac{1}{8}$	=	$\frac{1}{10}$	$\frac{4}{5}$	·	$2\frac{1}{4}$	=	$\frac{9}{5}$	$\frac{4}{5} \cdot \frac{2}{1}$	$\frac{2}{3}$	·	$\frac{1}{8}$	=	$\frac{1}{12}$	$\frac{2}{3}$	·	$2\frac{1}{4}$	=	$\frac{3}{2}$	=	$1\frac{1}{2}$

b) | $\frac{4}{8}$ | $1\frac{3}{4}$ | · | $\frac{3}{7}$ | $\frac{7}{9}$ |
   |---|---|---|---|---|

$\frac{4}{8}$	·	$\frac{3}{7}$	=	$\frac{3}{14}$	$\frac{4}{8}$	·	$\frac{7}{9}$	=	$\frac{7}{18}$	$1\frac{3}{4}$	·	$\frac{3}{7}$	=	$\frac{3}{4}$	$1\frac{3}{4}$	·	$\frac{7}{9}$	=	$\frac{49}{36}$	=	$1\frac{13}{36}$

K. Becker/A. Fingerhut: Bruchrechnung in kleinen Schritten – Band 3
© Persen Verlag

K. Becker/A. Fingerhut: Bruchrechnung in kleinen Schritten – Band 3
© Persen Verlag

Lösungen

❶ Schreibe als Rechenaufgabe (Teilen) und berechne.

 : 2   : 4   : 3

$\frac{2}{3} : 2 = \frac{2}{3} \cdot \frac{1}{2} = \frac{2}{6} = \frac{1}{3}$ $\frac{12}{16} : 4 = \frac{^3 12}{16} \cdot \frac{1}{4_1} = \frac{3}{16}$ $\frac{3}{6} : 3 = \frac{3}{6} \cdot \frac{1}{3} = \frac{1}{6}$

❷ Nenne den Kehrbruch.

a) $\frac{3}{5} \longrightarrow \boxed{\frac{5}{3}}$ b) $\frac{7}{5} \longrightarrow \boxed{\frac{5}{7}}$ c) $\frac{12}{8} \longrightarrow \boxed{\frac{8}{12}}$

❸ Berechne. Kürze, wenn möglich.

a) $\frac{5}{6} : 6 = \frac{5}{36}$ b) $\frac{2}{3} : \frac{1}{3} = 2$ c) $1\frac{2}{4} : 3 = \frac{1}{2}$

$\frac{7}{3} : 9 = \frac{7}{27}$ $\frac{11}{6} : \frac{8}{3} = \frac{11}{16}$ $10 : 2\frac{1}{2} = 4$

$8 : \frac{4}{5} = 10$ $\frac{20}{7} : \frac{5}{2} = \frac{8}{7}$ $2\frac{7}{10} : \frac{9}{13} = \frac{39}{10}$

$\frac{6}{11} : 3 = \frac{2}{11}$ $\frac{9}{15} : \frac{4}{5} = \frac{3}{4}$ $8\frac{5}{8} : \frac{9}{7} = \frac{161}{24}$

$10 : \frac{5}{2} = 4$ $\frac{14}{9} : \frac{21}{81} = 6$ $4\frac{1}{3} : 1\frac{1}{5} = \frac{65}{18}$

❹ Löse die Aufgaben.
Schreibe das Ergebnis als gemischte Zahl und kürze, wenn möglich.

a) $2\frac{1}{4}$ t : $\frac{3}{8}$ t = 6   b) $5\frac{2}{3}$ kg : $1\frac{4}{9}$ kg = $3\frac{12}{13}$

$\frac{15}{6}$ min : 21 min = $\frac{5}{42}$ 17 l : $2\frac{4}{15}$ l = $7\frac{1}{2}$

$1\frac{1}{10}$ kg : $1\frac{3}{8}$ kg = $\frac{4}{5}$ $14\frac{2}{3}$ t : 11 t = $1\frac{1}{3}$

K. Becker/A. Fingerhut: Bruchrechnung in kleinen Schritten – Band 3
© Persen Verlag

---

❺ Max und Anna teilen sich $\frac{6}{7}$ Pizza. Wie viel bekommt jeder?

Rechnung: $\frac{6}{7} : 2 = \frac{6}{7 \cdot 2} = \frac{6}{14} = \frac{3}{7}$

Antwort: Jeder bekommt $\frac{3}{7}$ Pizza.

❻ Setze die fehlenden Zahlen ein.

a) $\frac{3}{2} : \boxed{4} = \frac{3}{8}$ b) $\frac{12}{5} \cdot \boxed{7}{4} = \frac{48}{35}$

$\frac{4}{\boxed{15}} : \frac{3}{8} = \frac{32}{45}$ $\frac{6}{11} : \boxed{5}{4} = \frac{24}{55}$

$7 : \boxed{5}{3} = \frac{21}{5}$ $\boxed{12} : \frac{3}{8} = \frac{96}{3}$

❼ Wo steckt der Fehler? Korrigiere.

a) $\frac{5}{7} : 3 = \frac{5}{15} \quad \frac{5}{7 \cdot 3} = \frac{5}{21}$ b) $5 : 2\frac{1}{3} = \frac{12}{3} \quad 5 : \frac{7}{3} = 5 \cdot \frac{3}{7} = \frac{15}{7}$

$\frac{6}{11} : 4 = \frac{24}{11} \quad \frac{6}{11 \cdot 4} = \frac{6}{44} = \frac{3}{22}$ $\frac{8}{9} : \frac{18}{16} = \frac{1}{4} \quad \frac{^4 8}{9} \cdot \frac{16}{18_9} = \frac{64}{81}$

$\frac{4}{3} : \frac{5}{8} = \frac{20}{24} \quad \frac{4}{3} \cdot \frac{8}{5} = \frac{32}{15}$ $\frac{7}{12} : \frac{3}{7} = \frac{49}{35} \quad \frac{7}{12} \cdot \frac{7}{3} = \frac{49}{36}$

❽ Luisa füllt $7\frac{1}{7}$ kg Kirschen in Schalen mit je $\frac{25}{28}$ kg.
Wie viele Schalen kann sie füllen?

Rechnung: $7\frac{1}{7}$ kg : $\frac{25}{28}$ kg $= \frac{^{2}50}{1 7} \cdot \frac{28^{4}}{25_1} = 8$

Antwort: Luisa kann 8 Schalen füllen.

❾ Berechne.

| $2\frac{1}{2}$ | $\frac{4}{7}$ | : | $\frac{1}{9}$ | $3\frac{2}{3}$ |

$2\frac{1}{2} : \frac{1}{9} = \frac{45}{2}$ $2\frac{1}{2} : 3\frac{2}{3} = \frac{15}{22}$

$\frac{4}{7} : \frac{1}{9} = \frac{36}{7}$ $\frac{4}{7} : 3\frac{2}{3} = \frac{12}{77}$

K. Becker/A. Fingerhut: Bruchrechnung in kleinen Schritten – Band 3
© Persen Verlag

---

❶ Berechne. Kürze, wenn möglich.

a) $\frac{4}{3} : 8 = \frac{1}{6}$ b) $\frac{4}{7} \cdot \frac{7}{12} = \frac{1}{3}$ c) $\frac{11}{12} \cdot \frac{24}{55} = \frac{2}{5}$

$\frac{7}{8} \cdot \frac{1}{14} = \frac{1}{16}$ $8\frac{2}{11} : 6 = \frac{15}{11}$ $7 : \frac{14}{9} = \frac{9}{2}$

$6 \cdot \frac{11}{3} = 22$ $\frac{12}{35} \cdot \frac{14}{18} = \frac{4}{15}$ $\frac{5}{9} : 1\frac{2}{3} = \frac{1}{3}$

❷ Berechne.
a) Wieviel sind $\frac{2}{7}$ von $1\frac{3}{4}$ l?

Antwort: $\frac{1}{2}$ l

b) Wieviel sind $\frac{2}{3}$ von $3\frac{4}{10}$ kg?

Antwort: $\frac{34}{15}$ kg = $2\frac{4}{15}$ kg

$\frac{3}{4}$ l $\cdot \frac{1}{7} = \frac{1}{2}$ l

$\frac{4}{10}$ kg $\cdot \frac{2}{3} = \frac{34}{15}$ kg

❸ Anne feiert ihren Geburtstag mit vielen Freunden.
Es gibt eine leckere Bowle. Damit diese für alle Gäste
reicht, hat Anne alle Zutaten des Rezepts verfünffacht.

Rezept Bowle
$\frac{1}{4}$ l Zitronensaft
$\frac{5}{8}$ kg Zucker
250 ml Sahne
$\frac{3}{4}$ l Orangensaft
$\frac{1}{2}$ l Pfirsichsaft

a) Wie viel Liter Zitronensaft benötigt Anne?

Rechnung: $\frac{1}{4}$ l $\cdot 5 = \frac{5}{4}$ l = $1\frac{1}{4}$ l

Antwort: Anne benötigt $1\frac{1}{4}$ l Zitronensaft.

b) Wie viel Kilogramm Zucker benötigt Anne?

Rechnung: $\frac{5}{8}$ kg $\cdot 5 = \frac{25}{8}$ kg = $3\frac{1}{8}$ kg

Antwort: Anne benötigt $3\frac{1}{8}$ kg Zucker.

c) Wie viel Milliliter Sahne benötigt Anne?

Rechnung: 250 ml $\cdot 5 = 1250$ ml

Antwort: Anne benötigt 1250 ml Sahne.

d) Wie viel Liter Orangensaft benötigt Anne?

Rechnung: $\frac{3}{4}$ l $\cdot 5 = \frac{15}{4}$ l = $3\frac{3}{4}$ l

Antwort: Anne benötigt $3\frac{3}{4}$ l Orangensaft.

e) Wie viel Liter Pfirsichsaft benötigt Anne?

Rechnung: $\frac{1}{2}$ l $\cdot 5 = \frac{5}{2}$ l = $2\frac{1}{2}$ l

Antwort: Anne benötigt $2\frac{1}{2}$ l Pfirsichsaft.

K. Becker/A. Fingerhut: Bruchrechnung in kleinen Schritten – Band 3
© Persen Verlag

---

❹ Herr Naumann hat seinen $27\frac{1}{3}$ m² großen Garten in
4 Stunden gejätet. Wie viele m² hat er pro Stunde
geschafft?

Rechnung: $27\frac{1}{3}$ m² : 4 $= \frac{82}{3} \cdot \frac{1}{4} = \frac{41}{6}$ m² = $6\frac{5}{6}$ m²

Antwort: Herr Naumann hat $6\frac{5}{6}$ m² pro Stunde geschafft.

❺ Löse die Aufgaben. Schreibe das Ergebnis als gemischte Zahl und kürze,
wenn möglich.

a) $5\frac{3}{4}$ t : 3 t = $1\frac{11}{12}$ b) $\frac{17}{3}$ l : $\frac{5}{6}$ l = $6\frac{4}{5}$

8 min : $\frac{12}{20}$ min = $13\frac{1}{3}$ $6\frac{2}{9}$ t : $1\frac{4}{8}$ t = $4\frac{4}{27}$

$7\frac{1}{2}$ kg : 6 = $1\frac{1}{4}$ kg $15\frac{2}{3}$ min : $\frac{8}{9}$ = $17\frac{5}{8}$ min

$22\frac{3}{4}$ l : $\frac{7}{8}$ = 26 l $9\frac{3}{4}$ t : $1\frac{1}{10}$ = $8\frac{4}{7}$ t

❻ Irina und Thomas basteln Fensterbilder. Sie haben ein $1\frac{5}{6}$ m² großes Stück
Papier und brauchen pro Fensterbild $\frac{1}{12}$ m² Papier.
Wie viele Fensterbilder können sie basteln?

Rechnung: $1\frac{5}{6}$ m² : $\frac{1}{12}$ m² = $\frac{11}{6} \cdot 12 = 22$

Antwort: Sie können 22 Fensterbilder basteln.

❼ Mach zuerst einen Überschlag mit natürlichen
Zahlen. Berechne dann das genaue Ergebnis.

Genaue Rechnung:

a) $3\frac{1}{3} \cdot 1\frac{1}{4} = \underline{4\frac{1}{6}}$

Ü: $3 \cdot 1 = 3$

b) $2\frac{1}{3} \cdot 1\frac{1}{6} = \underline{2\frac{17}{30}}$

Ü: $2 \cdot 1 = 2$

c) $3\frac{1}{2} \cdot 2\frac{3}{4} = \underline{9\frac{5}{8}}$

Ü: $3 \cdot 3 = 9$

$\frac{10}{3} \cdot \frac{5}{4} = \frac{25}{6} = 4\frac{1}{6}$

$\frac{11}{5} \cdot \frac{7}{6} = \frac{77}{30} = 2\frac{17}{30}$

$\frac{7}{2} \cdot \frac{11}{4} = \frac{77}{8} = 9\frac{5}{8}$

K. Becker/A. Fingerhut: Bruchrechnung in kleinen Schritten – Band 3
© Persen Verlag
